'위·즈·덤·하·우·스'는 새로운 시대를 이끌어가는 지혜의 전당입니다.

곁에 있어 고마워요

곁에 있어 고마워요

늘 그 자리에서 당신 곁을 지켜주는
소중한 이들에게 바치는 메시지!

김경숙 외 지음

위·즈·덤·하·우·스

지루하고 고단한 삶,
웃음과 희망, 그리고 용기를 주는
내 곁의 소중한 사람들 이야기

추천사

바로 당신 곁에 행복이 있음을

신달자(시인)

기적을 믿는가? 나는 믿는다. 그것도 권력과는 너무나 거리가 먼 사람들이 빈손으로 만들어내는 기적을 믿는다. 이런 기적을 보면 눈물이 난다. 가슴은 따듯해지고 두 손에서 힘이 느껴진다. 빈 주머니가 채워지고 시린 마음이 더워지며 삶이 충만해진다.

나는 믿는다. 조그맣고 평범한 사람들이 만들어내는 작은 행복이 무지개가 되어 하늘에 걸릴 수 있음을.

과연 그게 가능한가? 그렇다. 가능한 일이다. 바로 이 책, 『곁에 있어 고마워요』 속의 인물들을 통해 그 기적을 볼 수 있다. 또 그 기적의 힘을 느낄 수 있다.

이 책에는 오만하고 주먹을 휘두르며 독기를 뿜어대는 신경질적인 사람들이 보이지 않는다. 잘난 사람을 찾아볼 수도 없다. 이 책 속 등장인물들은 무지막지한 이 세상과 남을 속이면서 혼자만 잘 살아보려는 사람들에게 성질을 다 빼앗긴 못난이들이다. 하지만 이 책을 통해 그들은 못난이라는 오명을 벗고 이 세상에서 가장 잘난 사람으로 부활한다.

그렇게 부활한 그들은 자기 곁의 작고 하찮은 것들을 가지고 행복을 만들고, 미련 없이 버려진 보잘것없는 것들에 새로운 생명을 불어넣으며, 분노와 불행을 극복하고 이 세상 구석구석을 밝히는 작은 등불이 된다.

이 책에는 사연 없는 사람이 없다. 넘어지고 깨지고 상처입고······. 그러나 이상하다. 그들이 그렇게 아름다울 수가 없다. 얼른 가 손잡고 껴안고 싶은 마음이 절로 일어난다.

또한 그들은 세파에 부딪혀 많은 것을 잃으면서도 절대로 자신의 삶에서 도망치지 않는다. 게다가 늘 미소를 잃지 않는 그들은, 세상에서 가장 소중한 가족의 사랑을 확인하면서 시련을 견뎌 나간다.

아무리 살아가는 게 힘들어도 그 곁에 언제나 마음을 편하게 해주는 가족이 있고 자신을 믿어주는 사람들이 있다면, 이 세상을 가질 수 있다. 이 세상을 자신의 것으로 만들고 명예의 왕관을 쓸 수 있다.

이 책에 등장하는 사람들은 그래서 모두가 왕이다. 그들의 머리 위에는 왕관이 올려져 있다. 그 왕관은 남편이 아내에게, 아내가 남편에게, 부부가 자녀에게, 자녀가 부모에게, 이웃이 이웃에게, 친구가 친구에게 서로 사랑을 베풀고 이해한 결과 만들어진 것이다. 그래서 그 어떤 것보다 귀하며 영원히 변치 않을 것이다.

그들은 인생의 슬픔에게조차도 문전박대하지 않고 따듯한 자리에 앉혀 더운밥을 지어 밥상을 차린다. 세상에 대한 절망을 극복한 축복의 밥상, 행복의 허기를 느끼는 사람들을 위한 감격의 밥상을 말이다.

이 책을 덮고 나서도 행복에 허기를 느끼거나 행복의 존재를 이해 못하는 사람이 있을까? 자신도 충분히 행복할 수 있는 사람이라는 데 의심을 품는 사람이 있을까?

그렇다. 이 책에는 행복이 무엇인지 알게 하고, 행복할 수 있다는 자신감을 심어주는 힘이 있다. 그 힘으로 세상의 문이 다시 열리고 가족도, 사회도, 세계도 열릴 것이다.

지금 세상이 움직이는 게 보이는가? 그 움직임의 동력은 바로 이 책

속 사람들의 따듯한 마음이다. 나는 믿는다. 그들에게서 우리 자신의 모습을 온전히 발견할 수 있음을. 이 책의 주인공은 바로 우리 자신임을.

차례

추천사 | 바로 당신 곁에 행복이 있음을   6

1부_ 신이 보내준 선물
평생 잊지 못할 소중한 선물   17
아이의 아픔을 대신할 수만 있다면   24
공주 납치 사건의 전말   29
상처 기우는 아이, 희망 만드는 엄마   38
1퍼센트의 기적 만들기   43

2부_ 천사를 만든 천사

    기차 화통 목소리의 비밀   51
    돌아가신 시어머니가 맺어준 인연   57
    장모님은 호떡 장수   62
    포도를 오래 씹는 까닭   69
    세상에 하나뿐인 '맞춤 내복'   73
    천사를 만든 천사   79

3부_ 희망이 내려다보이는 옥탑 방

    희망이 내려다보이는 옥탑 방   89
    결혼 반지 대신 얻은 사랑   98
    이른 아침 우유 아줌마가 경찰에 쫓긴 이유   105
    세상에서 가장 아름다운 가족 약속   110
    날개 달린 작업복   116
    내 주머니 속의 행복   121

4부_ 당신이 있어 행복합니다

억척 천사를 아시나요?　129
아내는 호랑이 선생님　133
늦깎이 대학생 남편의 진실과 거짓말　140
'만삭' 남편의 살 빼기 대작전　146
부부 싸움을 잘하는 열 가지 비결　153
당신의 검은 얼굴　158
'부침개'와 '촐랑방구'　166

5부_ 다시 만날 수만 있다면

25년 전 그날 나의 선생님은……　175
잔소리마저 그립다　181
벼랑 끝 구조요원, 나의 아주머니　187
"미안해요. 그리고 고마워요"　193
잊어서는 안 될 얼굴 하나　199

6부_ 사랑, 삶을 바꾸는 행복 에너지

생선 장수 친구의 행복 메시지   209
행복하게 삶을 마무리하는 방법   214
지독한 숙모의 이유 있는 구박   218
도둑에게 배울 점 열 가지   225
귀신을 울린 순경 아저씨   231
밀가루 붕어찜   237

글쓴이들   246

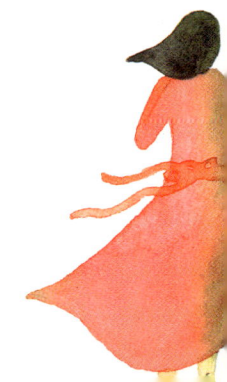

1부

신이 보내준 선물

아무리 힘들고 어려운 상황이라도
용기를 주고 웃게 만드는,
세상에 아이만큼
아름다운 존재가 또 있을까?

평생 잊지 못할 소중한 선물

가게 일이 바빠서 매일 아침 정신 없이 나가다 보면 언제나 운동화를 신게 된다. 매일 운동화만 신고 다니다 보니, 다른 신발을 신을 기회가 없다.

모처럼 가게 문을 닫은 일요일. 운동화 대신 신고 나갈 만한 게 없을까 해서 신발장을 뒤져보았다. 신발장이 번잡스러워서 이 기회에 아예 정리해 보기로 마음을 먹었다.

작아서 못 신는 아들 운동화, 굽이 부러지거나 가죽이 벗겨진 딸애의 구두, 언젠가는 신겠지 하고 들여놓았던 내 구두들……. 아까워서 버리지도 못했지만 그렇다고 신을 수도 없는 낡고 해진 신발들은 과감히 버리기로 했다. 쓸데없이 어수선하기만 했던 신발장 안이 깔끔해졌다.

그렇게 내놓은 신발들을 버릴 것과 재활용할 것으로 구분하는데, 이상한 게 눈에 들어왔다. 신문으로 돌돌 말아 싼 뭉치였다.

'이게 대체 뭘까? 도통 기억이 안 나네.'

고개를 갸웃거리면서 그것을 풀어보았다. 깜짝 놀랐다. 털신이었다. 그나마 있던 털이 듬성듬성 빠지고 밑창이 새서 도저히 신을 수 없는 털신. 그 털신의 추억을 떠올리는데, 갑자기 눈물이 핑 돌았다.

8년 전, 크리스마스 이브였다. 아이들과 교회에 가려고 서둘러 준비를 하고 있었다. 그런데 "잠깐 친구네 갔다 온다"던 아들애가 아무리 기다려도 오지 않았다.

교회는 가야겠는데……. 오지 않는 아이에게 무슨 일이 생긴 건 아닐까 걱정하면서 초조하게 기다리고 있었다. 마침 헐레벌떡 뛰어오는 아이가 보였다. 추운 날씨에 시퍼렇게 질린 얼굴로 들어온 아이를 보자 울화가 치밀었다.

"지금까지 어디서 뭐 하느라고 이제 오는 거야? 엄마랑 누나랑 너 기다린 거 알아, 몰라! 교회 갈 시간도 늦어버렸잖아!"

아이는 얼마나 서둘러 뛰어왔는지 숨을 헐떡거리느라 대답조차 제대로 못했다. 그러고는 대답 대신 손에 든 검은 봉지를 내게 내밀었다. 아이의 손은 꽁꽁 얼어 있었다.

"엄마 신어. 이거 신으면 발 안 시리대. 크리스마스 선물이야."

아이는 입조차 얼었는지 말까지 더듬거렸다.

"이게 뭔데?"

봉지를 여는 순간, 내 입이 딱 벌어졌다. 털신이었다. 할머니들이 한겨울 내내 신고 버티는 털신.

그 즈음에도 그런 털신이 있다는 게 신기하기도 했지만, 당시 열 살밖에 되지 않은 아이가 어디서 그것을 살 수 있었는지, 그게 더 놀랍고 궁금했다. 더구나 그 추운 밤에 말이다.

아이가 말했다.

"학교 가는 길목 시장에 있던데. 엄마는 가게에서 일하니까 요즘처럼 추울 때 발 시릴 거 아냐. 그래서 내가 용돈 모아서 크리스마스 선물로 샀어."

그 마음이 얼마나 예쁜지 나는 왈칵 쏟아지려는 눈물을 간신히 참고 아이를 꼭 안아주었다.

며칠 후, 그 신발 가게 아저씨를 찾아가 내막을 들을 수 있었다. 아이가 한 달 넘게 아침저녁으로 와서는 털신에 대해 묻기만 하더라는 것이었다.

"아저씨, 저 털신 신으면 정말 발

그 추웠던 크리스마스 이브,
한 달 넘게 보아온 내 털신을 사 들고
한달음에 집으로 달려왔던 아들……
아이의 그 마음을 어떻게 잊을 수 있을까?

안 시려요? 여기 있는 거 다 팔리면 또 갖다 놓으실 거예요?"

아저씨는 매일 인사하듯 들르는 아이에게 꽤나 시달렸던 모양이었다. 처음에는 장난친다고 혼을 냈는데, 아이가 워낙 진지하게 털신에 대해 묻고 쳐다보고 만지는 바람에 나중에는 야단을 칠 수도 없었다고 한다.

그러더니 크리스마스 이브 날 밤에 찾아와서는 "돈이 모자라니 조금 깎아달라"고 했단다. 털신 값이 7,000원이었는데 6,850원, 그것도 전부 동전으로 내어놓는 아이를 보고 아저씨는 '고놈 참 기특하다' 싶어서 아이에게 500원을 되돌려주었다는 뒷이야기도 들을 수 있었다.

'내 아들, 아버지 없이도 반듯하게 잘 자라주는구나.'

그러나 뿌듯한 마음 한편으로 용돈이라고 제대로 줘보지 못했는데 어린것이 그 돈을 모으려고 얼마나 애썼을까 하는 생각이 들자 가슴이 아팠다. 아이가 모을 수 있는 돈이란 게 어쩌다 내가 주는 심부름 값, 가게 손님이나 친척 들이 가끔 주는 용돈이 전부였을 텐데 말이다.

내 발은 그 털신 덕분에 그해 겨울, 조금도 시리지 않았다. 그 뒤로도 겨울만 되면 꺼내 신다 보니 어느새 듬성듬성 털이 빠지고 밑창이 새서 눈이라도 오는 날이면 물이 스며들어 더 이상 신을 수 없게 되었다.

아들은 "더 좋은 신발 사드릴 테니 버리세요"라고 야단이었지만, 나는 세상에서 가장 소중한 물건 다루듯 잘 싸서 신발장 안에 넣어두었다. 비록 형편없이 낡아버렸지만, 얼굴까지 꽁꽁 얼어가면서 신발 가게로 달려갔을 아이의 사랑이 스민 그 털신을 이 세상 어떤 신발과 감히 비교할 수 있을까? 이제 더 이상 신을 수는 없지만 두고두고 꺼내 보기라도 할 생각이다.

세월이 흐르고, 그때의 열 살짜리 꼬마는 엄마인 내가 올려다봐야 할 정도로 성큼 자라 고등학생이 되었다. 아이는 그때만큼 다정하지도 않고 때론 무뚝뚝하기까지 해서 가끔씩 섭섭할 때가 있다. 하지만 그때마다 털신을 꺼내 보면서 아이의 그 따뜻한 마음을 기억하고 싶다.

시린 엄마 발이 걱정되어 사탕 하나, 과자 한 봉지의 유혹을 뿌리친 채 몇 달 동안 고사리 손으로 모은 돈으로 사준 털신 한 켤레. 그것은 그동안 내가 받은 크리스마스 선물 중 가장 소중하고 비싼 것이었다.

그해 겨울 내내 나의 발은 참으로 따뜻했다. 아직도 그해 겨울의 크리스마스가 어제 일처럼 생생하다.

아이의 아픔을 대신할 수만 있다면

"엄마! 다녀오겠습니다."

쩌렁쩌렁한 목소리가 현관 가득 울려 퍼지는데, 아이는 벌써 저만치 달려가 있다. 베란다 창문으로 얼른 달려가, 뒷모습만 희미하게 보이는 아들의 뒤뚱거리는 모습을 하염없이 바라본다.

가슴이 답답하고 울렁거린다. 가슴 한편에서 울컥 눈물이 솟아나며, 이제는 세월의 이끼 속에 희미해져 가는 어머니의 목소리가 들린다.

"너도 자식 낳아봐. 사람이든 짐승이든 간에 어미란 것은……. 자기 배고프고 자기 몸 아프고 말지. 자식이 아프고 힘들면 그 꼴은 차마 못 보는 거야. 너희도 나중에 어미 되고 아비 되면 그 맘 알 거다."

"피~, 엄마는 매일 그 소리. 우리가 아프면 아프지, 왜 아버지 엄마가 아프다고 그래!"

어릴 적 나는 병을 달고 살았다. 배탈이 자주 났고 습관성 빈혈까지 있었다. 학교 운동장에서 전체 조회가 있는 날이면 여름날 호박꽃처럼 후드득 땅바닥에 곤두박질하곤 했다. 그런 내 머리맡에 앉아 어머니는 항상 그런 말씀을 하곤 하셨다.

'그때 내 어머니도 이렇게 답답하고, 이렇게 가슴이 아렸겠구나.'

서른을 훌쩍 넘긴 나이에, 이제서야 내 어머니의 마음을 헤아려본다. 내 아들놈 덕분에.

아들은 이제 초등학교 5학년이다. 병원과 집을 오가며 힘든 생활을 해야 했던 내 아이. 이 아이 나이 다섯 살 되던 해, 편도에서 종양이 발견되었다. 암일지도 모른다는 의사 선생님의 소견으로 정밀 검사와 수술을 할 때, 내 가슴은 무너져 내렸다.

의사 선생님이 "머리 속에 물이 고이는 병일 수도 있다"면서 자기 공명 사진을 찍자고 했을 때는 더 이상 슬퍼할 여유도 없었다. 그 이후 지금까지 자라오면서 잔가지처럼 불쑥불쑥 돋아나는 병치레. 그래도 허위허위 이제 열두 살이 되었다.

공부도 잘하고 생각하는 수준이 어른 뺨 칠 만큼 기특한 녀석이다. 남편과 나는, 그런 아이를 바라보면서 조바심에 애태우면서도 한편으로는 감사한 마음을 가졌다.

그런데 얼마 전부터 아이에게 다시 이상한 증상이 나타나기 시작했다. 두 손을 쥘 수도, 반듯하게 펼 수도 없는 이름도 알 수 없는 병. 머리 단층 촬영을 해보았지만 소아과 소견으로는 머리에 이상이 없다고 했다. 그러니 다시 재활의학과로 가보라고만 했다. 피를 뽑고 엑스레이를 찍었다. 핵 의학실에서 전신 뼈 사진도 찍었다.

우리 부부는 며칠 동안 잠도 못 잤다. 이제 몇 가지 검사와 그 결과만이 우리를 기다리고 있는데, 아이는 병원에 다녀오자마자 학원 가방을 걸머지고 냅다 달려나간다.

마음 같아서는 아이를 으스러지게 껴안고 울어버리고 싶다. 하지만 내가 약해지면 어떻게 하겠는가. 일부러 명랑한 척하는 아이를 더 마음 아프게 할 것 같아 병원에서 돌아오는 내내 눈물을 삼켜야만 했다.

며칠 전 병원에 다녀온 날, 아이의 일기장을 보았다. 그날 밤 나는 더 이상 참지 못하고 엉엉 울어버리고 말았다. 언제나 천방지축 철부지일 것 같은 녀석이었는데.

일기장에는 "엄마 아빠에게 너무나 미안하고 죄송스럽다"고 씌어 있었다. "나도 두렵고 그래서 울고 싶을 때도 있다"고 연필을 꾹꾹 눌러 써놓기도 했다. 아이가 얼마나 울었는지 일기장 곳곳에 눈물 자국이 번져 있었다. 내색은 하지 않지만, 아이는 어느 정도 자신의 처지를 알고 있는 것이었다. 그걸 보는 내 가슴은 미어 터질 것만 같았다.

나는 잠든 아이의 머리맡에 놓인 일기장에 이렇게 편지를 썼다.

우리 희망을 잃지 말자. 그리고 미안해하지도 말자. 우리는 널 사랑해. 너에게 어떤 일이 생기더라도 우리는 결코 너를 포기하지 않을 거야.

아이가 그 편지를 본 것 같았다.

오늘은 아이의 뻣뻣해져가는 손을 잡고 병원에 다녀왔다. 큰 기계에 몸을 맡기고 가만히 누운 녀석의 눈에선 자꾸만 눈물이 흘러내렸다. 가슴에 수천 번, 수만 번 송곳이 박히는 것 같았다. 아이의 그런 모습을 보자 또다시 어머니 말씀이 생각났다.

"너도 어미 되어봐라. 차라리 내 몸뚱이가 아프고 말지, 새끼 아픈 꼴은 차마 못 본다."

공부 안 한다고, 느려 터졌다고 곧잘 윽박지르던 성미 급한 나였기에, 기계 속에 누워 소리 없이 눈물 흘리는 열두 살 난 아이에게 더욱 더 미안했다.

'정말로 아픈 자식 바라보는 건 세상에서 가장 힘든 일이구나.'

그러나 나는 엄마다. 내 어머니처럼, 내 핏줄 물고 세상에 태어난 자식을 기르는 엄마다. 어떤 결과로, 어떤 장애로 힘들어질지는 모르지만, 결코 좌절하거나 포기할 수 없다. 의사 선생님의 짐작대로 마비 증상이 진행되는 고통이 온다 해도, 나는 내 아이가 이 세상과 작별하는 날까지 아이 곁에서 엄마가 되어주련다.

내게 엄마라는 이름을 처음으로 지어준 아이, 세월 속에서 또렷하게 전해지는 어머니의 사랑을 늘 기억하게 해준 아이, 천신만고의 고통 끝에 품에 안게 된 아이가 바로 이 아이였다. 그러니 부디 신께서 아이에게 치유할 수 있을 만큼의 아픔만 주기를 바라는 마음이다.

사랑하는 내 아이, 내 아이가 이 세상에 존재하는 한 나 또한 존재하리라. 그 애의 손과 발이 되어, 그 양분이 되어 진정한 엄마로 거듭나리라.

아들아! 내 아들아! 우리 좌절하지 말자. 울지도 말고 기죽지도 말자. 그리고 똑바로 앞을 보자. 너는 엄마의 손을 잡고, 나는 네 손을 잡고 함께 달려가자꾸나.

우리에게 좌절은 없단다. 사랑한다, 아들아.

공주 납치 사건의 전말

파마를 하다가 남편이 좋아하는 해물 칼국수를 해주기로 마음먹었다.

"1시간 후에 다시 오세요."

미장원 아줌마가 얼룩덜룩 촌스러운 보자기를 머리에 덮어 씌어주면서 말했다. 그래서 나는 아이의 손을 잡고 미장원을 나선 후 근처 대형 할인점으로 발길을 돌렸다.

할인점에 들어서니 호떡집에 불이 난 것도 아닌데 사람들이 엄청나게 모여 북새통을 이루었다. 고개를 내밀고 보니 '우유 빨리 마시기 대회'가 열리고 있었다.

"이제 두 분밖에 인 남았으니 빨리빨리 신청하세요."

행사 진행 요원이 소리쳤다. '좋아! 내가 이런 기회를 놓칠 리 있겠어?' 요원의 말을 들은 즉시 출전을 결심했다.

"꼼짝 말고 여기 서 있어. 엄마 금방 올게."

아이에게 과자 봉지를 쥐어주면서 다짐을 받았다. 그러고는 사람들 사이를 헤집고 파마 약 냄새를 풍기면서 달려 들어갔다.

"여기요! 저도 해볼게요."

예선전 500밀리리터, 거뜬히 마시고 통과. 하지만 결승전까지 죽을 힘을 다해 마시고 마셨건만, 상품 하나 없는 서러운 4등. 아쉽기만 했다. '4등이 뭐냐, 4등이.'

그런데 뭔가가 허전했다. 정신을 차려보니, 아뿔싸! 우리 딸 공주가 보이지 않는 것이었다. 그렇게 다짐까지 받고 서 있으라고 했는데, 그 사이에 어디로 가버렸단 말인가!

"공주야~ 공주야~."

체면이고 뭐고 없었다. 목청껏 소리를 지르면서 할인점 1, 2, 3층을 헤매고 다니기 시작했다. 뱃속에선 1리터 넘게 마신 우유가 출렁출렁 춤을 추었다. 내 뛰는 걸음에 맞춰 위로 출렁, 아래로 출렁. 우유가 '음매' 하면서 입밖으로 쏟아져 나올 것 같았다. 하지만 그게 뭐 대수인가! 내 딸이 없어졌는데. 안내 데스크를 찾아가 안내 방송까지 내보냈건만, 우리의 귀한 공주는 그 어디에도 없었다. 눈앞이 캄캄해지고 하늘이 무너지는 것 같았다. 그러다가 가까운 파출소로 냅다 달렸다.

"아저씨. 우리 애 잃어버렸어요. 빨리 좀 찾아주세요. 으흐흑."

"아줌마. 일단 진정하시고 여기 앉아요. 애 이름하고 나이는 어떻게 되죠? 그리고 인상착의, 오늘 뭐 입혔어요?"

"우리 공주가 빨간 원피스에……아니다, 아니다. 청바지에……아니다, 그것도 아니다. ……노란 멜빵 바지에 재킷을 입었던가? ……아니다. 체육복인가?"

이 일을 어쩐단 말인가. 그 중요한 순간에도 나의 건망증은 여지없이 실력을 발휘하고 있었다. 환장할 노릇이었다.

"이보세요. 아줌마! 누가 아줌마 딸내미 옷이 뭐 뭐 있는가, 그런 거 얘기하라고 했어요? 오늘 뭐 입혔는지 물어보잖아요."

"그게 생각이 안 나서……."

"아이 참, 답답하네. 그러면 일단 접수시키고 집에 가서 기다리세요. 미아 신고 들어오면 연락 드릴게요. 집 전화번호는 생각나세요?"

"전화번호가……."

간신히 머리를 굴려 전화번호를 적고 돌아서는데, 오늘이 어제 같고 어제가 오늘 같기만 했다. 하늘이 노랗게 보였다. 내 아기 공주는 어디로 갔단 말인가.

파출소 문을 열고 나서는데, 경찰관 아저씨 목소리가 들린다.

"경찰 생활 10년 만에 저런 아줌마는 처음 본다. 안됐어 정말. 나이도 젊은 것 같은데. 머리에 저런 거는 왜 뒤집어쓰고 다니는 거야? 참 안됐네."

사실 나는 그런 말을 들어야 할 사람이 아니었다. 수많은 또래 아이들이 '엄마, 맘마' 배우고 있을 때, 믿거나 말거나, 나는 구구단 줄줄 외웠다. 친구들 짝짜꿍 연습하고 있을 때, 믿거나 말거나, 나는 국어책 눈감고 읽었다. 그렇다. 나의 어릴 적 별명은 '이신동'이었다.

그러던 내가 결혼해 큰아들을 낳은 후 이상한 병에 걸린 것이었다. 정확한 이유는 알 수 없으나 증세는 대충 이랬다. 아파트 열쇠 주머니에 넣고 '없어졌다'면서 온 집 안 헤매고 다니기 하루에 한 번, 슈퍼마켓 계산대 앞에서 옆구리에 껴놓고 지갑 안 가져왔다면서 집에 돌아오는 일 2, 3일에 한 번. 이런 증세는 둘째 공주를 낳은 후 더 심각해졌다.

얼마 전에는 이런 일도 있었다. 아침에 초등학교 2학년 아들을 억지로 깨워 대충 옷 입히고 가방 들려 학교에 보냈다. 잠이 덜 깨어 비틀비틀 나서는 아들에게 잔소리까지 했다.

"너는 누구 닮아서 그러니? 아이 참, 늦었네. 지각 안 하려면 빨리 뛰어가. 알았지? 이 잠꾸러기야!"

그리고 나서 10분쯤 지났을까? 아이가 다시 돌아왔다. 이 녀석이 현관문을 들어서자마자 가방을 팽개치면서 하는 말.

"엄마! 학교 가니까 애들이 한 명도 없더라. 오늘 일요일이야. 무슨 엄마가 그래?"

"무슨 헛소리! 오늘이 무슨 일요일이야?"

큰소리치며 달력을 보니, 일요일 맞았다.

나의 이런 슬픔은 당해본 사람만이 안다. 건망증 때문에 손발 고생하는 것도 억울한데, 아들놈에게까지 이런 수모를 당하는 게 너무나 슬펐다.

어쨌거나 파출소를 나서 집으로 돌아오는 10분 남짓, 악몽 같은 영화 서너 편은 찍었다. 주연은 물론 우리 공주였다. 다른 출연자는 모조리 악당이고.

제1편. 가증스러운 유괴범

우리 공주가 유괴되어 자동차 뒷좌석에 꽁꽁 묶여 떨고 있다. 설마 어린애를 트렁크에 싣지는 않았겠지. 우리 공주, 무서운 거 엄청 싫어하는데. 유괴범들이 돈을 너무 많이 요구하면 어떡하지? 아니다. 이

건 아니지 싶다.

제2편. 목격자를 찾습니다

혹시 할인점 앞 횡단보도 건너다 교통사고라도 난 게 아닌가. 그 나쁜 놈들이 애를 차에 싣고 다니면서 병원에도 안 데려간 게 아닐까. 분명히 목격자가 있을 거다. 목격자라도 빨리 찾아야 할 텐데. 아이고, 도대체 내가 무슨 생각을……

제3편. 맨홀 속의 공포

얼마 전에 TV 뉴스 보니까 애가 맨홀에 빠졌다는데, 우리 공주도 거기에 빠져서 울고 있는 게 아닐까.

혼자 재수 없는 영화를 여러 편 찍다보니, 절로 한숨이 나왔고 눈물이 앞을 가렸다. 그러다가 제4편을 찍을 때 즈음, 집에 도착했다. 남편이 현관 앞에 떡하니 서 있었다. 온몸의 맥이 다 풀리는 것 같았다. 나는 끝내 남편 옷깃을 잡고 통곡하고야 말았다.

"자기야 큰일났어. 우리 공주 잃어버렸어. 유괴된 것 같아. <u>으흐흐흑.</u>"

그러나 대성통곡하는 내게 날아오는 남편의 거친 목소리.

"니 죽을래? 지금이 몇 신데 인자 들어와서. 머시라꼬? 우리 공주가 유괴돼? 그걸 변명이라고 하는 기가, 응? 그래 내가 유괴범이다. 됐나? 내가 유괴해 가지고 방에 꽁꽁 묶어놓았다. 됐나?"

"그게 아니고……진짜로 공주를 잃어버렸다니까. 할인점에서 공주가 없어졌단 말야."

남편은 그 순간 내 팔을 휙 끌어서 데리고 갔다. 그러고는 방문을 확 열어젖히는 거였다.

아니! 세상에 이게 어떻게 된 일? 몇 시간을 찾아 헤맨 귀한 우리 딸이 바로 이곳, 우리 안방에서 새근새근 잠을 자고 있는 게 아닌가.

"공주야! 혼자 집에 왔어? 언제 왔는데? 으흐흑."

뒤이어 날아오는 남편의 고함소리에 아파트가 쩌렁쩌렁 울렸다.

"니 진짜 돌대가리 아이가? 그 머리는 또 머꼬? 아직도 머리 덜 됐나?"

이로써 '공주 유괴 사건'의 전말이 만천하에 밝혀졌다. 마침 그날은 토요일이었다. 남편이 일찍 퇴근해 아이들과 놀아주는 사이, 나는 혼자서 미용실에 갔던 것이었다. 그렇다면, 미용실에서 할인점으로 애를 끌고 다닌 건 또 뭔가? 악! 오늘이 어제 같고, 어제가 그제 같더니만…….

아뿔사! 남편의 호통을 듣고서야 머리가 생각났다. 그때서야 머리 속이 욱신욱신, 화끈화끈……. "아이고, 내 머리야"를 외치면서 미장원으로 달려갔다.

그 이후 이야기는 뻔하다. 나는 부시맨이 왔다가 큰절을 하고 갈 만큼 이상한 머리 모양을 하고 사흘 밤낮을 울부짖었다.

상처 기우는 아이, 희망 만드는 엄마

아이를 등교시키려고 현관을 나서는데, 같은 층에 사는 반장 친구가 다가온다.

"아줌마, 학교 다녀오겠습니다. 학교 끝나면 데리고 올 테니까 걱정 마세요."

안심이 된다. 아이는 친구 손에 이끌려 소걸음으로 학교에 간다.

베란다 창문을 여니 2층까지 올라온 환한 백목련이 울적한 마음을 달래준다. 비로소 반 엄마들 모임에 참석할 수 있는 용기를 얻는다. 그 용기가 내 걸음을 떠다민다.

약속 장소인 음식점에 도착하니 엄마 여럿이 모여 있다. 내가 들어서는 순간, 떠들썩한 대화가 멈추고 모두의 시선이 내게 쏠린다.

"늘 말썽 많고 힘든 아이의 엄마입니다. 들어서 아시겠지만 자폐 증세 때문에 아이가 수업 분위기를 깨뜨리는 일이 종종 있었습니다. 나름대로. 열심히 혼내면서 고쳐보려 했는데 잘 안 되네요."

자존심을 버린 지 오래이지만, 해마다 겪는 이런 분위기에는 좀처럼 적응이 되지 않는다. 얼굴이 화끈 달아오른다. 화사한 꽃무늬 옷차림을 한 어머니가 말한다.

"초등학생으로 치면 고학년인데 괜찮으시겠어요? 나이와 상관없이 실력이 안 되면, 저학년 수업을 받는 게 낫지 않겠어요?"

옆에 앉아 있는 엄마가 한술 더 뜬다.

"일반 아이들도 학원이나 과외를 받아야만 학교 수업을 따라가는데, 댁의 아이는 방과 후에 따로 수업 받는 게 있나요?"

할퀸 상처에 소금을 붓는 것 같다.

"다행히 남자 담임 선생님을 만나서 6학년을 잘 보낼 것 같네요. 반에서 하는 일이라면 적극 참여할 테니, 언제든지 전화 주세요."

철판을 깐 낯두꺼운 얼굴이 되어 전화번호를 남기고 일어서려는데 반장 엄마가 붙잡는다.

"같은 방향인데 조금 더 앉아 있다가 같이 가요."

그러고는 다른 사람들에게 말한다.

"제가 옆에 살아서 잘 아는데, 장애가 있어서 수업이 안 되는 거지 마음은 착하잖아요. 누구 때리는 일도 없고 왕따 시키는 일도 없잖아요. 건강하게 잘 있다가도 교통사고 당해서 장애인 된 사람이 얼마나 많아요? 우리도 언제 그렇게 될지 누가 알아요?"

모두가 꿀 먹은 벙어리처럼 입을 닫는다. 반장 엄마가 내친 김에 몇 마디 더 한다.

"담임 선생님도 반 아이들이 서로 가르쳐주려고 하고 가방도 챙겨주고 한다면서, 남을 도와주려는 예쁜 마음을 갖게 해주는 산 교육이 따로 없다고 하시던걸 뭐."

초등학교 통합교육이 시작되어 일반 아이들과 한 반이 되면서부터는, 매년 학년이 바뀔 때마다 이런 모임에 참석해 구구절절 설명을 해야만 했다. 그래서 으레 그러려니 하는 마음으로 나왔는데도 그 자리가 가시 방석 같아 결국 먼저 일어서고야 말았다.

미식거리는 속을 가라앉히고 학교에 갔다. 봄볕 가득한 운동장에는 팔을 걷은 채 축구하느라 뛰어다니는 아이들 소리로 생동감이 넘쳤다. 점심 무렵 식당을 기웃거려 보았다. 삼삼오오 떠들면서 밥을 먹는 아이들 너머로 혼자 앉아 식판의 밥을 천천히 떠먹는 아들이 보였다. 아이에게 물이라도 한 컵 갖다 주고 싶었지만 꾹 눌러 참았다.

'힘내. 친구 없는 너에게 엄마가 평생 친구가 되어줄게. 6년을 깨지고 부딪히면서 여기까지 버텨왔는데 이제 졸업반이잖아. 그때까지 힘

들지만 이겨내자.'

그렇게 마음속으로 응원을 보내고 있는데 뒤에서 인기척이 났다. 담임 선생님이었다.

"또 오셨어요? 이제 잘 적응하고 있어요. 걱정 마시고 댁에 가서 기다리세요. 어머님 손이 필요하면 연락 드릴 테니 안심하시고 가세요."

아이의 담임 선생님이 등을 떠밀었다.

집에 와서 껄끄러운 입맛을 물에 만 밥으로 달래고 있는데 아이가 울면서 돌아왔다.

"엉~엉~, 학교 가기 싫어. 때려. 바보래. 공부 싫어, 싫어, 싫어."

소파에 엎드려 손에 잡힌 쿠션을 힘껏 뜯는다. 갈기갈기 찢어 어지럽히며 분풀이를 한다. 장애의 허물에 갇혀 반 친구들에게 뜯긴 상처가 솜뭉치처럼 거실에 뒹군다.

'그래. 너나 나나 왕따 당하는 신세는 같구나. 나는 반 엄마들한테 왕따 당하고, 너는 아이들한테 왕따 당하고…….'

솜뭉치들을 뭉쳐 눈덩이처럼 만들어서 아이에게 던졌다. 눈싸움이 되었다. 뜯고, 뭉치고, 던지고 깔깔거리면서 뒹군다. 그렇게 울고 웃다보니 시커멓게 타 들어가던 속이 조금은 후련해졌다. 뻐꾸기 시계가 저녁 한 시간을 알려준 다음에야, 온몸에 엉겨 붙은 솜뭉치를 뜯어 찢어진 천 조각과 함께 쓰레기통에 버렸다.

쓰레기통 안을 물끄러미 쳐다보던 아이가 갑자기 반짇고리에서 바늘과 실을 꺼내든다. 이상한 일이었다. 아이는 주삿바늘을 몹시도 싫어해서 만지는 것조차 두려워했었다. 장애를 고쳐보려는 마음에 용하다는 침술가며 수많은 병원을 찾아서인지, 아이는 뾰족한 것만 보아도 도망을 가던 터였다. 그런데 그런 아이가 쓰레기통에 버린 천 조각을 쏟아놓고는 바늘로 기우고 있었다. 한 땀 한 땀, 바늘이 무서워 진땀을 흘리면서 덜덜 떠는 서툰 손으로 꼼지락거린다. 바늘에 손이 찔렸다.

"엄마! 피나. 아파."

도움을 청하는 얼굴을 외면하면서 가슴을 조아렸다.

저녁 식탁이 차려졌는데도 아이의 바느질은 끝나지 않았고, 아이 곁에 널브러진 화장지에는 붉은 꽃이 여기저기 피어 있었다.

천 조각이 너덜너덜 이어지고 종이 풀로 벌어진 틈이 붙어지면서, 아이의 구겨졌던 얼굴이 점점 환해지기 시작했다.

"그래! 머리가 장애라면 손으로라도 해보자."

갑자기 눈앞이 탁 트였다.

하품하는 아들에게 솜이 여기저기 삐져나온 누더기 쿠션을 안겨주니, 꼭 끌어안고 편안한 얼굴로 잠에 빠진다.

1퍼센트의 기적 만들기

내 조카 동석이는 아홉 살. 언니는 "동석이 병이 나으면 신겨야지" 하면서 그동안 열심히 신발을 사 모았다. 하지만 아이는 단 한 번도 그 신발을 신어본 적이 없다. 흙 한번 밟아보지 못한 그 신발들은 언니네 신발장에 그대로 쌓여만 있을 뿐이다.

벌써 6년 전의 일이다. 설거지를 하고 있는데, 언니에게서 전화가 걸려왔다.

"막내야……."

언니는 나를 한 번 부르고는 말을 잇지 못했다. 헉헉 우는 소리가 수화기를 통해 들려왔다. 너무도 기가 막혀 말조차 나오지 않는 것 같았다.

"왜 그래, 언니? 무슨 일이야?"

"동석이가 근육병이란다. 어쩌면 좋아. 흑흑."

근육병. 아직까지 원인도 모르고 약도 없다는 희귀병. 왜 하필이면 조카에게 그런 일이 생긴단 말인가. 언니는 말도 못하고 울기만 했다.

'아닐 거야. 뭔가 잘못됐을 거야.'

전화를 끊고 생각했다. 그런 일이 있을 리 없었다. 그러나 그것은 부정할 수 없는 사실이었다. 형부와 언니가 그 이후로 흘린 눈물은 바다가 되었다. 나는 그런 모습을 그저 지켜볼 수밖에 없었다.

동석이는 아홉 살이지만 학교에 다니지 못한다. 사방으로 알아보았지만, 아이를 받아줄 만한 곳이 없다고 한다.

동석이 몸에 근육병 증상이 나타난 것은 돌 무렵이었다. 지금은 증상이 악화되어 겨우 앉아 있다. 자기 힘으로 할 수 있는 것은 밥 먹고, 글씨 쓰고, 장난감을 가지고 노는 정도.

하지만 너무나 똑똑하고 속이 꽉 찬 아이이다. 한글이며 숫자, 심지어 컴퓨터까지 저 혼자 배워서 한다. 동석이는 한 달에 한 번씩 병원 정기 모임에 나가는데, 같이하는 근육병 환자들 중에서도 가장 중증이라고 한다. 그러나 의사 선생님은 "동석이는 천재"라고 했다.

꽤 오래전, 형부가 동석이에게 진지하게 물어본 적이 있었다.

"우리 동석이, 다리 잘라서 근육병 낫는다면 다리 자를래?"

아이는 태연하게 대답했다.

"아빠, 그러면 나중에 병이 다 나은 뒤에 걸을 수가 없잖아요. 그러니까 그냥 이대로 있을래요."

형부는 목이 메어 말을 잇지 못했다. 옆에서 지켜보던 식구들은 동석이 몰래 고개를 돌리고 숨죽여 울어야만 했다.

동석이는 조숙했다. 밖에서 아이들 노는 소리가 들리자, 엄마에게 이렇게 물었다.

"엄마, 나는 언제나 밖에 나가서 놀 수 있어? 나에게 그런 날이 오긴 할까?"

억장이 무너진 언니가 아무 말도 못하자 아이가 화를 냈다.

"왜 나만 이렇게 태어난 거야. 나도 학교 가고 싶고 친구들하고 놀고 싶단 말이야."

하지만 언니가 눈물 흘리는 걸 보자, 이내 태도를 바꿨다.

"엄마, 울지 마. 내가 잘못했어. 나 아무렇지도 않아. 엄마랑 하루 종일 같이 있어서 더 좋은걸."

여섯 살 된 내 아들은 곧잘 기도를 한다.

"하느님. 우리 동석이 형아 꼭 나아서 걷게 해주시고, 나랑 축구도 하고 달리기도 함께 하게 해주세요."

두 아이는 서로를 끔찍하게도 아낀다. 그런 모습을 볼 때마다 언니와 나는 눈물을 흘린다.

왜 이 아이는 이렇게 살 수밖에 없을까. 똑같이 축복받고 세상에 태어났는데, 왜 신발 신고 땅 한번 밟아볼 수 없는 거지?

'병이 나으면 신겨야겠다'고 산 신발들이 흙 하나 묻지 않은 채 언니네 신발장에 쌓여가는 걸 보면 마음이 무너져 내린다. 이모인 내 마음이 이럴진대 언니 마음은 오죽할까.

기적이란 게 단 1퍼센트라도 있다면…….

2부

천사를 만든 천사

주고 또 주고…….
피가 아닌 인연이라는 고리로 묶여도
가족을 위해 모든 것을 바치는 사람들.
그 나눔으로 다시 천사를 만든다.

기차 화통 목소리의 비밀

결혼하기 전, 시댁에 인사를 갔을 때였다. 시어머니 되실 분의 목소리에 크게 놀랐고, 이상한 사투리에 다시 한 번 놀랐다. 시어머니는 나와 마주 앉아 얼굴을 보면서 이야기하는데도, 마치 내가 밖에 있기라도 한 것처럼 소리를 지르셨다. 기차 화통 같은 목소리였다.

그뿐만이 아니었다. TV는 왜 그렇게 크게 틀어놓으시는지. 귀가 따갑고 정신이 하나도 없었다.

갑자기 시어머니가 이렇게 소리치셨다.

"카이당 위로 가면 스루메 있는데 갖다 먹어라."

도대체 무슨 소리인지 영 알아들을 수가 없었다.

"예? 예?"

"내가 갖다주꾸마."

시어머니는 답답하셨던지 그 '스루메'라는 걸 직접 가져다주셨다. 알고 보니 '계단(카이당)'을 올라가서 '오징어(스루메)'를 갖다 먹으라는 말씀이었다. 일본의 식민지 경험도 있는데다 지리적으로 시댁이 있는 부산이 일본과 가깝기도 하니 그럴 수도 있는 일이었지만, 막상 그런 일을 겪으니 매우 당황되었다.

시어머니는 '배추'는 '배차', '조기'는 '조구새끼'라고 말씀하셨다. 나 역시 부산 태생이지만, 전혀 들어보지 못한 말들이었다. 언제나 조용조용 말씀하시고 사투리나 욕을 안 쓰시는 친정 엄마를 떠올리니, 시어머니 되실 분이 낯설기만 했다.

'시어머니 되실 분이 배운 게 별로 없나 봐.'

그날 나는 이렇게 나름의 결론을 내렸다.

얼마 후 나는 결혼을 했고, 신혼여행을 다녀온 뒤 시댁에 갔다. 이 날을 나는 평생 잊지 못할 것 같다.

시댁에 갔더니 형님이 "어머니는 일 나가셨다"고 했다. 그날 처음으로 시어머니가 공장에 다니시는 걸 알았다.

알고 보니 시어머니는 30여 년 전에 시아버님을 먼저 보내고 홀로 4남매를 키우셨다. 막내인 내 남편이 네 살이었을 때, 시아버님을 보내고 가진 것 하나 없이 홀로 아이들을 키우자니 일할 곳이 공장밖에 없었단다. 결국 그곳에서 열심히 일해 4남매 모두 결혼까지 시키셨다.

형님과 나는 먹을 것을 조금 챙겨 조카들을 데리고 시어머니가 일하시는 공장에 갔다. 막내아들이 신혼여행에서 돌아오는 날에도 공장에 나가셨다니, 대단한 분임에 틀림없었다.

나는 간식을 들고 버스에 오르면서 나름의 기대를 했다.

'새 며느리가 간식 싸온 걸 보면 모두가 좋아하겠지. 공장 사람들이 빙 둘러앉아서 나눠 먹을 거야. 그러면서 모두가 나를 칭찬해 주겠지. 틀림없어.'

하지만 공장 안으로 들어서자 환상은 완전히 무너지고 말았다. 그런 곳이 있다는 이야기를 들어보긴 했지만, 그 엄청난 소음이라니…….

우리를 가장 처음 맞이한 것은, 생전 처음 들어보는 무시무시한 기계 소리였다. 쇳소리가 고막으로 파고들어 뇌를 긁는 것만 같았다. 소름 끼칠 정도로 시끄럽고 기분 나쁜 소리였다. 당연히 사람의 말소리는 묻혀서 전혀 들리지 않았다.

형님과 나는 손짓 발짓을 해가면서 물어물어 시어머니가 일하는 자리를 찾아갔다. 그리고 시어머니를 발견했다. 아! 시어머니는 의자도 없이 바닥에 쭈그리고 앉아 손에 쥔 무언가로 열심히 쇠를 문지르고 계셨다. 시어머니는 우리가 몇 번이나 "어머니! 어머니!" 하고 외친 뒤에야 고개 들어 우리를 보셨다. 소음을 피해 간신히 밖으로 나왔다.

"어머니, 이거 수육하고 떡이랑 음료수인데요. 직장 분들하고 드시라고……."

그때 형님이 갑자기 시어머니를 와락 껴안았다. 형님은 말도 제대로 못하고 울음만 삼키고 있었다. 그 옆에 선 나도 목이 메었다. 한참을 울다가 겨우 인사를 드리고 나왔다.

"형님도 오늘 처음 와 보신 거예요?"

"응."

"엄마, 할머니가 엄마 혼냈어?"

영문을 모르는 조카들이 형님에게 물었지만, 형님은 집으로 돌아오는 차 안에서도 계속 눈물만 흘렸다.

그랬다. 시어머니의 목소리가 유난히 컸던 이유는, 그리고 TV 볼륨을 옆사람이 불편할 정도로 높였던 이유는 결코 무식해서가 아니었다. 오랜 직장 생활에서 얻은 난청 때문이었다. 시어머니는 압력솥과 냄비를 만드는 공장에 다니셨고, 하루 종일 기계 돌리는 소리와 알루미늄, 스테인리스 다듬는 소리에 시달린 결과, 소리를 잘 듣지 못하시게 된 것이었다.

그런 것도 모르고 시어머님을 함부로 생각한 내 자신이 너무나 부끄

러웠다. 시어머니에게 "이제 공장일 그만두셔도 될 텐데, 왜 계속 고생하시느냐"고 철딱서니 없는 말씀을 드린 적도 있다. 하지만 시어머니의 깊은 속내를 나는 몰랐다. 아버지 얼굴도 모르고 자란 막내아들, 이사 고생 안 시키려고 아파트를 마련해 주시느라 그런 것이었다. 빚까지 내어가면서 아파트를 장만해 주신 것이었다. 그 빚을 갚기 위해 잔업도 마다 않으셨던 걸 우리는 몰랐다. 시어머니가 우리 결혼 후 3년이 지나서야 그 빚을 다 갚으셨음을 뒤늦게야 알았다.

"나는 할 수 있을 때까지는 일을 할란다. 그러니 용돈이니 뭐니 갖다 주질랑 말고 너희나 돈 열심히 모아라."

시어머니는 늘 이렇게 말씀하신다.

자식 낳고 몇 년 살아보니, 남편 없이 혼자 살아오신 시어머니가 참으로 대단하게 느껴진다. 내가 시어머니와 같은 상황이었다면 어땠을까? 상상만으로도 소름 끼친다. 게다가 4남매 모두 반듯하게 공부 마치고 결혼까지 시킨 걸 보면, 시어머니에게 초능력이 있는 건 아닐까 하는 경외감마저 든다.

시어머니는 전화를 자주 하신다.

"밥 묵나? 안 묵으면 얼른 김치 가지러 온나. 퍼뜩 오니라."

어머니, 어머니를 사랑합니다. 해가 갈수록 더.

돌아가신 시어머니가 맺어준 인연

벌써 3년 전의 일이다. 58세 여성, 대장암 말기, 시한부의 삶. H아주머니는 내가 돌보는 환자 중 한 분이었다. 그때 나는 대학을 갓 졸업하고 취업을 준비하면서 난생 처음 아르바이트를 하고 있었다. 그게 쉽지 않은 간병 일이다 보니 잦은 실수로 이리 뛰고 저리 뛰고……. 정말 볼 만했다.

학교에 다닐 때는 그래도 화장도 하고 옷도 신경 써서 입고 다녔지만, 간병 도우미를 시작한 뒤로는 그렇게 할 수가 없었다. 일이 너무도 힘들었다. 화장은 고사하고 세수조차 제대로 하기 힘들어 늘 부스스한 모습과 피곤한 얼굴로 병실을 돌아다녔다.

사회 초년생인 나로서는 간병 일이 손에 익지 않아 서툴고 피곤하기만 했다. 그런 와중에도 H아주머니는 내가 가장 먼저 챙기는 환자였다.

H아주머니는 암세포가 몸 전체로 전이된 상태였다. 곧 생을 마감해야 하는 시한부의 삶을 사는 그런 분을 지켜봐야 한다는 게 너무도 가슴 아팠고, 그분의 가족들을 보는 것도 어린 마음에 무척이나 괴로웠다. 그런데도 아주머니는 힘든 생활과 고통을 꿋꿋하게 이겨내고 계셨다. 오히려 내 걱정을 해주시기까지 했다.

"집에는 언제 가? 이렇게 피곤하게 해서 어떡해?"

아주머니는 "젊을 때는 잘 먹는 게 약"이라면서 병문안 온 사람들이 놓고 간 과일이며 간식거리를 내 주머니에 넣어주시곤 했다.

그러던 어느 날, 아주머니가 내게 긴한 부탁을 했다.

"아래층에 있는 편의점에 가서 화장품을 고르고 싶은데……같이 가주었으면 좋겠는데……."

"그래요. 제가 모시고 갈게요."

아주머니의 팔목에는 여러 개의 주삿바늘이 꽂혀 있었다. 링거 주사 외에도 서너 가지의 수액과 진통제……. 혼자서는 어떤 거동도 할 수 없는 상태였다.

나는 아주머니에게 스웨터를 걸쳐준 뒤 휠체어를 밀고 편의점으로 내려갔다.

"어떤 화장품이 좋을까? 화장해 본 지가 오래되어서 잘 모르겠는데."

"음……이게 좋은 것 같은데요. 미백 효과가 뛰어나다네요. 립스틱은 이게 참 화사한 것 같아요."

나는 화장품 진열대를 꼼꼼하게 살피면서 아주머니에게 화장품을 골라드렸다. 화장품을 무릎 위에 놓고 꼭 안은 채 휠체어를 타고 병실에 돌아온 아주머니는 하루 종일 기뻐하는 눈치였다. 마치 소풍을 앞둔 아이가 들떠서 안절부절못하는 모습 같았다.

그렇게 한 주가 지났다. 월요일 새벽, 출근을 했더니 병동 분위기가 사뭇 달랐다. 여느 때와는 달리 어수선하기만 했다.

순간, 섬뜩한 두려움이 뇌리를 스쳤다.

'아……아주머니.'

정신없이 달려가 아주머니가 있는 병실 문을 활짝 열었다.

문이 열리는 순간, 나는 그 자리에 주저앉고 말았다. 그분의 침대는 이미 비어 있었다. 침대 옆에는 너무 울어서 눈이 충혈된 그분의 아들이 앉아 있었다.

그는 주저앉아 눈물 흘리는 나에게 작은 쇼핑백 하나를 내밀었다. 그 속에는 지난주 아주머니께 골라드린 화장품 세트와 립스틱, 그리고 메모지 한 장이 들어 있었다. 메모지에는 이렇게 적혀 있었다.

아가씨. 그동안 집에도 제대로 못 가고 항상 내 곁을 지켜줘서 고마웠어요. 덕분에 병원 생활이 즐겁고 편안했어요.

난 아들만 내리 셋이거든. 늘 아가씨 같은 예쁜 딸이 하나 있었으면 했는데, 하느님이 내 소원을 들어주셨는지 아가씨를 만났어요. 아가씨를 볼 때마다 친딸같이 느껴졌고.

이건 내가 나중에 며느리 보면 끼워주려고 간직했던 반지예요. 아가씨 손이 예뻐서 잘 어울릴 것 같아.

오래오래 행복해요.

곱게 접은 봉투를 열자 반지가 나타났다. 그걸 본 나는 급기야 엉엉 소리내어 울어버렸다.

그로부터 3년이 지났다. 지금 내 손에는 아주머니의 소중한 반지가 끼워져 있다. 그 반지가 귀한 인연을 맺어주었던 것이다.

나는 그날 병실에서 쇼핑백을 건네주었던 아주머니의 아들과 결혼을 했고, 지금 임신 8개월째이다. 이제 와서 생각해 보면, 시어머니께서는 바라던 대로 며느리에게 반지를 물려주고 편안한 마음으로 떠나신 것 같다.

짧은 순간이었지만 고통과 두려움 속에서도 나에게만큼은 밝은 모습만 보여주려 하셨던 그분. 당신의 아픔조차 잊은 채, 피곤으로 부운 내 얼굴을 보고 못내 안쓰러워하면서 화장품을 사주셨던 그분. 해마다 이맘때면 나와 남편을 인연의 고리로 묶어주신 시어머니 생각이 간절해진다.

나는 시어머니가 주신 반지를 소중하게 간직하고 있다. 나중에 며느리가 될 아이에게 물려줄 작정이다.

장모님은 호떡 장수

우리 가족은 아들 하나, 딸 하나, 장모님, 그리고 나, 이렇게 넷이다. 아내는 내 마음속에 있다. 언제나 30대 초반의 어여쁜 모습 그대로.

나는 무남독녀 아내와 결혼을 하면서부터 장모님과 함께 살았다. 큰아이 육아에 집안 살림까지 도맡아 해주신 장모님 덕분에 우리는 맞벌이를 했고, 결혼 5년 만에 집도 장만할 수 있었다.

큰아이가 다섯 살이 되었을 무렵, 아내는 자꾸만 둘째 애를 갖자고 했다.

"이 세상에 자기 혼자뿐이라는 게 얼마나 외로운지 당신은 몰라서 그래. 현수가 장난감이랑 말하면서 노는 걸 보면 꼭 어렸을 적 나를 보는 거 같단 말이야. 자기야, 난 괜찮으니까 현수 동생 하나 만들어 주자."

아내와는 달리 많은 형제들 틈에서 자란 나는 하나만 낳아 부족함 없이 키우고 싶었다. 아니, 그보다는 아내의 몸이 약한 게 더 큰 걱정이었다. 하지만 아내의 고집을 꺾을 수 없었다.

아내는 소원대로 둘째를 낳았다. 그러나 곧 크나큰 슬픔이 닥쳤다. 둘째가 돌이 되기도 전에 아내가 혈액암이라는 무서운 병으로 우리 곁을 떠난 것이다.

나는 둘째를 제대로 안아준 적이 없다. 그 녀석을 아내 목숨과 바꿨다는 게 너무도 야속했기 때문일까.

장모님은 딸 없는 사위 집이 불편하셨던지 방을 얻어 나가 살겠다고 말씀하셨다. 하지만 나는 "아이들은 어떻게 하느냐"면서 장모님에게 필사적으로 매달렸다.

장모님은 둘째인 딸아이가 옹알이를 할 때도 우시고, 일어나 앉았을 때도 우시고, 걸음마를 뗐을 때도 우셨다. 그 아이를 볼 때마다 당신 딸 생각에 눈물만 쏟아지는 모양이었다. 그렇게 장모님은 둘째 현진이를 지극 정성으로 키워주셨다.

"할머니! 거……뭐냐. 나 밥 줘!"

현진이는 이렇게 할머니 말투를 흉내 내고 틀니 닦는 시늉까지 하면서 우리를 웃게 했다. 그러나 장모님은 "노인네가 끼고 있어봐야 배우는 게 없으니까 놀이방이라도 보내자"고 하셨다.

그래서 그 후 아이를 놀이방에 맡겼고, 여유를 갖게 된 장모님은 동네에서 호떡 장사를 시작했다.

"어머님! 용돈이 적어서 그러세요? 날도 추운데 그냥 집에 계세요."

"아녀 아녀. 몸뚱이 성할 때 한푼이라도 벌어뒀다가 쓸 데가 있어서 그려."

아무리 말려도 장모님은 고집을 꺾지 않으셨다.

어쩌다 휴일 날이면 장모님 옆에서 "사장님! 사장님!" 하면서 도와드리기도 했는데, 사위가 안쓰러워서 그러셨는지 이렇게 말씀하시면서 더 일찍 장사를 접곤 하셨다.

"호떡은 어두워질수록 잘 팔리는디. 우리 강아지들 땜시 오늘도 장사 땡이다. 오늘 장사는 여그가 끝이네."

작년 크리스마스 이브 때였다. 케이크를 사다놓고 재촉하는 두 아이를 달래면서 장모님을 기다렸지만, 밤 9시가 넘도록 들어오지 않으셨다. '장사가 잘돼서 늦는가 보다' 싶어서 기다리다가, 혹시라도 빙판길에 넘어지신 건 아닌지 걱정이 되기 시작했다. 그래서 아이들만 두고 장모님을 찾아 집을 나섰다.

호떡집의 비닐 포장이 보였다. 비닐 안으로 희뿌옇게 보이는 장모님은 호떡을 빚느라 바쁜 모습이었다. 내가 다가가도 고개도 들지 않고 호떡만 누르면서 말씀하셨다.

"얼마치 드려유?"

"어머님, 접니다. 왜 여태 안 들어오세요. 아직도 장사하세요?"

"잉, 자넨가?"

"무슨 일이라도 난 줄 알고 놀랐잖아요."

"일은 무신? 왜 호떡집에 불이라도 났을까봐?"

"어머님, 추운데 그만 들어가세요."

"아녀. 쬐금만 더 있어보구."

"왜요? 무슨 일 있으세요?"

"아녀! 아무것도 아녀."

그렇게 시간을 끄는 사이, 외식하러 나왔던 친구네 가족과 마주치고야 말았다. 친구네 가족은 우리와 달랐다. 친구와 아내, 아이 둘이 손을 꼭 잡고 있었다.

그 모습이 부러웠던 것일까. 괜히 알 수 없는 부아가 목구멍까지 치밀어 올랐다.

"어머님! 제발 고집 좀 그만 부리고 늘어가세요. 왜 사서 고생을 하세요?"

"구리스마쑤 선물이여."
나와 아이들을 위해 장모님은
추운 겨울 내내 호떡을 구우신 걸까?

순간 나도 모르게 버럭 화를 내고야 말았다. 친구는 내게 알은척을 하려다 내가 화 내는 걸 보고 그냥 지나갔다.

"알았네. 그만 들어감세."

화들짝 놀란 장모님이 내 눈치를 살폈다.

그날처럼 일찍 가버린 아내가 원망스러웠던 적은 없었다. 한바탕 소리내어 통곡하고 싶었다. 너무도 서러웠다.

집에 돌아와 아이들과 함께 케이크의 촛불을 컸다.

"할머니, 아빠. 같이 노래해요."

손뼉 치는 아이들을 멍하니 바라보기만 했다. 장모님은 내 굳은 표정 때문에 안절부절못하시더니 부스럭거리면서 뭔가를 꺼내셨다.

"구리스마쑤 선물이여."

내 점퍼와 아이들 옷 한 벌씩이었다.

나는 화들짝 놀랐다. 애들에게는 장난감을 사주었지만, 장모님 선물은 생각도 못했던 것이다. 죄송하고 멋쩍어서 또 화를 냈다.

"어머님! 이렇게 돈 쓰시려고, 돈독 올라서 늦게까지 호떡 파시는 거예요?"

"그려. 내가 돈독이야 오르긴 올랐지만서도, 우리 강아지들 땜시 늦게꺼정은 못허지. 아까는 글씨 저녁나절에 워떤 애기 엄마가 5,000원을 선불로 주면서 호떡을 귀놓으라고 하는겨. 그란디 무신 일이 생긴 건지 통 안 오잖여. 호떡 찾으러 왔다가 허탕칠께베 기두르다가 늦은 겨. 미안허네."

나는 아무 말도 할 수가 없었다. 자꾸 눈물이 흘러나와서 TV 리모컨을 들어 채널만 이리저리 바꾸어댔다. 내가 돌아앉아서 TV만 보자, 장모님이 미안했는지 한마디 덧붙이셨다.

"미안혀. 담부턴 안 그럴뎅게……."

갑자기 아내가 생각났다.

'아, 맞아! 그랬었지. 어머니를 닮은 고운 마음을 그 사람도 갖고 있었지. 내가 그 마음에 빠졌었는데…….'

고개를 조금 돌려 장모님을 봤더니, 계면쩍은 미소를 짓고 계셨다. 영락없는 아내의 미소였다.

포도를 오래 씹는 까닭

세상의 부모들은 누구나 자식을 위해서라면 아낌없이 베푼다고들 한다. 하지만 얼마 전까지만 해도 나는, 우리 시아버님이 세상의 그런 부모들과는 조금 다른 분이라고 생각했다. 자식보다는 당신을 먼저 생각하는 분이라고 말이다.

남편은 시부모님의 친아들이 아니었다. 그래서 자라면서 그 사실 때문에 많이 힘들어했고, 나와의 결혼도 쉽지 않았다.

그 힘든 과정을 거쳐 결혼을 할 무렵, 시아버님은 우리 둘을 불러놓고 말씀하셨다.

"너희 둘만 이 세상 사는 거 아니다. 작은 일에 감사하고 원망보다 먼저 이해를 하고 항상 남보다 조금 손해보고 산다고 생각하면, 세상이 그리 어둡게 보이지만은 않을 것이다."

그 말씀과 함께 남편에게 통장 하나를 주셨다. 그런데 나는 그 통장을 열어보고 마음이 상했다. 결혼하는 아들에게 기왕 주시려면 조금 더 주시지, 겨우 300만 원이 뭐란 말인가. '친아들이 아니라고 이 정도밖에 안 주시는 건 아닌가' 싶어서 서운하기까지 했다. 그 감정을 남편에게 그대로 말해 버렸다. 아무 말 없던 남편에게도 서운한 기색이 역력했다.

그렇게 결혼한 지 3년이 흘렀고, 한 달에 한 번씩은 시아버님을 뵈러 시골에 갔다.

얼마 전의 일이었다. 시아버님 드시라고 포도를 사서 드렸는데, 시아버님은 포도 한 알을 입에 넣고 스무 번은 넘게 씹었다가 삼키는 거였다. 통장에 대한 서운한 마음이 여전했던 나는 에둘러서 시어머니께 말씀드렸다.

"어머님, 저는 아버님처럼 포도를 오래도록 씹어 드시는 분은 처음 봤어요. 아버님은 정말 건강을 많이 생각하시나 봐요?"

"건강 생각하느라 포도 한 알을 그리 오래 씹는 줄 아니? 아니다. 어금니가 다 빠져서 그래. 그동안은 앞니로 어떻게든 씹어 드셨는데 얼마 전부터 앞니가 흔들린다고 못 씹으시니 그나마 몇 개 남지 않은 이로 무엇을 얼마나 씹겠니?"

"그래요? 몰랐네요."

"내가 성치 않은 이를 뽑으라고 해도 안 들으신다. '뽑고 나서 새 이를 안 해 넣고 다니면 자식들이 부모 이 하나 제대로 안 해준다 어쩐다 뒷소리가 많다'고. 그게 다 자식 욕 듣게 하는 일이라고 저렇게 몇 개 안 남은 이를 붙들고 사신단다."

나는 할 말이 없었다. 내 좁은 소갈머리가 부끄러웠다. 그리고 그날, 시부모님께서 숨겨왔던 남편의 비밀도 알게 되었다. 아무 연고가 없는 줄 알았던 남편에게 친부모가 있었다는 것이었다. 그 사실을 알게 된 시부모님이 남편을 데려다주려고 찾아갔더니, 생부는 그 직전에 세상을 떠났고 생모는 쌓인 빚을 갚느라 아이를 돌볼 여유가 없었다.

시아버님은 그런 환경에 차마 남편을 두고 올 수 없다면서, "우리가 키우자" 하시며 다시 데리고 왔단다. 그 후 남편의 생모와 가끔 연락을 하곤 했는데, 생모마저 재혼한다는 말과 함께 남편에 대한 친권을 포기했다고 한다.

시아버님은 남편을 당신의 호적에 올렸고, 아들을 얻은 대가니 당연히 당신이 갚아야 한다면서 놀랍게도 남편의 친부모가 남긴 빚마저 떠안으셨다.

"내가 이 돈을 갚지 않으면 우리 아들이 세상을 바로 살 수 없어."

시아버님은 무려 31년 동안이나 그 빚을 갚아오셨다. 그래서 허리

한 번 제대로 펴지 못한 채 일만 하셨고 당신 건강도, 먹는 것도, 입는 것도 뒷전으로 미루셨다고 한다.

마침내 그 많은 빚을 모두 갚으셨지만, 그러다 보니 수중에 돈이 있을 리 없었다.

그리고 또 하나의 놀라운 사실도 알았다. 우리가 결혼할 때, 아버님이 주신 통장의 300만 원. 이것도 알고 보니 아주버님이 시아버님 틀니 하라고 주신 돈이었다. 그 돈이 시아버님이 가진 전 재산이었는데, 그것마저 우리에게 주셨던 것이다. 이러다 보니 포도를 그렇게 드실 수밖에.

나는 고개를 들 수가 없었다. 어떻게 하면 그 사랑의 절반이라도 갚아드릴 수 있을까.

세상에 하나뿐인 '맞춤 내복'

"선물로 뭘 하냐고? 고민할 거 없다. 내복이 좋겠다. 요 앞 가게에 가서 내복 두 벌만 사 가지고 오너라. 참, 둘 다 제일 큰 걸로 골라 오너라. 포장은 둘 중에 하나만 해달라 하고. 하나는 그냥 갖고 와."

내가 큰 시누이 생일 선물로 고민하고 있을 때, 칠순이 넘은 시어머니께서 하신 말씀이다. 나는 시어머니 말씀대로 내복을 두 벌 사 갔다. 며칠 후 큰 시누이 생일을 치렀고 시어머니는 포장한 내복을 시누이에게 선물하셨다.

'하나만 선물하시면서 왜 두 벌을 사 오라고 하셨지? 그리고 형님은 몸이 크지도 않은데, 왜 특대 사이즈로 사라고 하셨을까?'

궁금하긴 했지만 시어머니께 여쭤보지는 않았다. '또 다른 일이 있나 보다' 짐작하고는 곧 잊어버렸다.

그러다가 일흔네 번째 생신을 두 달여 앞두시고 시어머니께서 돌아가시고 말았다. 나는 어찌할 바를 몰랐다. 생신 상은 내 손으로 정성껏 차려드리고 싶었는데……. 그토록 바라시던 손자도 안겨드리지 못했기에 더욱더 안타까웠다.

그때 나는 임신 3개월이었다. 시어머니는 돌아가시기 전, 임신 소식을 알려드리자 무척 기뻐하셨다. "출산 준비물은 이런 걸로 챙겨놓아라", "급하게 생각하지 말고 하나씩 준비해라"면서 좋은 말씀도 많이 해주셨다. 그런 시어머니가 갑자기 돌아가신 것이었다.

시어머니는 아들 셋에 딸 셋, 육남매를 두셨는데, 둘째 시누이를 낳으신 서른넷에 갑자기 생계가 어려워졌다고 한다. 그때부터 어머니는 한복 삯바느질을 시작했고, 40년 동안을 이어오셨다.

49제를 지내고 옷장에 있는 시어머니 옷을 정리했다. 손수 만드신 당신 한복 몇 벌은 10년이 넘어 보였다. 아직 채 신어보지 못한 스타킹과 양말, 그리고 버선도 보였다. 맨 아래 서랍의 옷까지 모두 꺼냈을 때, 포장지로 싼 작은 상자를 발견했다.

'누가 볼까봐 옷장 깊숙이 넣어둔 물건이면 아주 소중한 것일 텐데…….'

나는 그것을 꺼내어 조심스레 펼쳐보았다. 아……. 그 상자에는 시누이 생일 때 준비했다가 전하지 않았던 내복 한 벌이 들어 있었다.

포장을 풀고 내복을 꺼내어 본 내 눈에는 벌써 눈물이 흐르고 있었다. 내복 속에는 작은 반지까지 들어 있었다. 돌 반지였다. 아직 태어나지도 않은 우리 아기 반지였다. 아기 반지까지 준비해 두신 어머니는 당신 앞일을 미리 아셨던 것일까?

키가 큰 나는 가끔씩 "배구 선수 아니냐"는 질문을 많이 받는다. 큰 키에 팔다리까지 길어서, 겨울에 긴 팔 옷을 입어도 반팔 옷처럼 보이곤 한다. 짓궂은 사람들은 "춥지 않냐", "왜 짧은 옷을 입었느냐"는 농담을 던지기도 한다.

사람들에게 그런 놀림 아닌 놀림을 받는 걸 시어머니도 아셨는지, 나를 위한 '맞춤 내복'을 만들어놓으셨다. 그러니까 시어머니는 시누이에게 줄 내복을 특대 사이즈로 사 가지고 오게 한 다음, 거기서 천을 잘라내 내 몸에 맞는 내복으로 고치신 것이었다.

내복 하의를 보는 순간, 다시 한 번 눈물이 터졌다. 임산부인 내가 다가올 겨울에 별다른 수선 없이 바로 입을 수 있도록, 허리 부분을 고쳐 늘려놓으신 거였다. 아이 낳은 후 바람 들지 않고 따뜻하게 입을 수 있게 하나하나 뜯어서 다시 재단하시고 고무줄까지 새 것으로 넣어 두셨다. 게다가 평생 해온 바느질로 얻은 관절염 탓에 손목과 손가락

돌아가시기 전, 며느리를 위해
아프고 저린 손으로 만들어놓으신 '맞춤 내복'.
그 내복을 보고 울지 않을 수가 없었습니다.

이 불편했는데도, 그 손으로 나를 위해 내복을 만들어놓으셨다. 그런데도 시어머니의 깊은 속내를 알 길 없는 나는, 무엇에 쓰시려고 내복 두 벌을 사 오라고 하셨는지 의아해하기만 했다. 그러고는 까맣게 잊고 있었다.

모두가 잠든 밤, 내복을 입어본 나는 또다시 통곡했다. 손목의 아픔과 저림을 이겨내며 한 땀 한 땀 바느질해서 만들어주신 내복을 입었으니, 울지 않을 수가 없었다.

나는 그 내복을 입고 그해 겨울을 보냈다. 아이를 낳기 위해 병원에 입원하러 갈 때 제일 먼저 가방에 꾸린 것도 그 내복이었다. 둘째 애를 임신했을 때도 그 내복을 입고 지냈다. 그 내복에 깃든 정성 덕분인지 둘째 애는 건강하게 태어났다.

지금도 나를 부르시는 시어머니의 목소리가 들리는 듯하다.

"얘. 밖에 고구마 장수 왔나 보다. 너 고구마 좋아하잖아. 나가서 사 오너라. 쪄서 너도 먹고 나도 좀 먹어보자."

천사를 만든 천사

　　　　　　　　　　내 부모님은 모두 몸이 불편하시다.
엄마는 선천성 소아마비로 두 다리가 편치 못하시고, 아버지는 큰 소리만 알아들으실 수 있다. 말씀도 어눌해서 사람들과 대화할 때 늘 반은 웃음으로 대신하신다. 하지만 아버지는 엄마의 두 다리가 되고, 엄마는 아버지의 두 귀와 입을 대신하면서 언제나 행복하게 사신다.

　그런데도 나는 두 분을 창피하게 생각했다. 사춘기 때는 '전생에 내가 무슨 죄를 그리 많이 지었기에 이런 집에서 태어났을까' 하고 고민하기도 했다. 그러다 보니 공부는 늘 뒷전이었고, 어른들이 싫어하는 짓만 골라 하는 일명 '날라리'가 되었다.

　맥주에 머리를 감아 머리카락을 노랗게 만들고, 멀쩡한 치맛단을 잘라 미니스커트로 만들어 입으면서 씩씩하게 만화방을 드나들었다. 미성년자 관람불가인 영화를 본다고 극장을 기웃거리다가 교무실에 불려

가서 벌을 서기도 했다. 그러면서 '내가 처한 현실 때문에 문제아가 될 수밖에 없어'라고 개똥 같은 결론을 내리고, 나름대로는 꿈이 있고 철학이 있는 '고급 날라리(?)'가 되고자 노력했다.

한창 일 저지르기에 바빴던 고등학교 1학년 때였다. 친구들이랑 학교 담장을 넘다가 걸려서 그 벌로 화장실 청소를 하고 집에 들어간 날이었다. 나는 그날, 듣지 않았으면 더 좋았을 말을 듣게 되었다.

큰방에서 한숨 섞인 외할머니 목소리가 새어 나왔다.

"그러게 입양은 왜 해? 네 몸 하나도 간수 못하면서 쓸데없는 짓은 왜 해 가지고 이 고생이냐고. 걔가 제 어미를 닮아서 그 모양인 게지. 걔 어미가 스무 살에 애를 낳고 그 난리를 쳤는데, 그 피가 어디 간다던? 저 물건, 제 어미 닮아서 보나마나 뻔해."

"엄마! 그런 말씀이 어디 있어요? 정아는 내 딸이에요."

"누가 네 딸 아니라니? 그 딸 때문에 내 딸이 고생하니까 그렇지."

"엄마, 그런 소리 마세요. 정아가 지금 사춘기라서 저러지, 이제 곧 맘 잡고 공부할 거예요."

"남의 새끼 키워봤자 네 자식 안 돼. 그러니 너무 애쓰지 말란 말이야."

나는 그날 처음 알았다. 내 출생의 비밀을. 방문을 닫고 나오다가 마주친 외할머니는 너무 놀라서 입을 다물지 못했다.

나를 본 엄마가 방에서 기어 나오면서 소리쳤다.

"정아야, 이리와. 내 말 좀 들어봐."

나는 엄마의 부름을 뒤로하고 무작정 달아났다. 갈 곳도 없이 무작정 뛰는 내 머릿속은 너무도 복잡했고, 마침내는 나를 입양했다는 부모님이 미워지기까지 했다.

그날 이후 나는 엄마를 괴롭히기 시작했다.

"엄마 아빠 같은 사람들이 입양은 왜 해. 둘이서나 잘 살지. 날 그냥 놔뒀으면 이 꼴로 살지는 않았을 거 아냐."

엄마 가슴에 못 박는 소리만 골라 하면서도 아무런 죄책감도 느끼지 못했다. 엄마는 그럴 때마다 "미안하다, 미안하다"는 말만 되풀이했다. 그런 저녁이면 어김없이 엄마의 편지가 내 책상 위에 올라와 있었지만, 읽지 않고 구겨버리거나 울면서 찢어버렸다.

그 모든 사실을 감당하기에는 내가 너무 어렸던 것일까. 꽤 오랫동안 엄마를 미워했다. 하지만 1년이 넘도록 계속되는 엄마의 편지는 마침내 내 마음을 가라앉게 만들었다.

지금도 간직하고 있는 그 당시의 일기장에 엄마 편지가 들어 있다. 엄마는 이런 편지를 1년 넘게 하셨다. 그 중 하나를 보면 이렇다.

사랑하는 내 딸 정아야.

내 몸 하나 간수 못 하는 주제에 너를 탐내고, 내 행복 찾자고 너를 아프게 했다는 생각을 미처 못했구나. 우리 아니면 더 좋은 부모를 만났을지도 모르는데, 그러고 보면 우린 인연이 깊었나 보다.

그냥 인연이라고 생각하고 내 딸로 있어주면 안 되겠니? 내가 처음 장애인이라는 사실을 알았을 때보다도 힘들어하는 요즘의 너를 바라보는 것이 더 어렵구나.

기저귀를 차고 뒤뚱거릴 때부터 내 다리가 되어준 우리 정아. 내겐 언제나 기쁨이었던 내 딸. 다음 생에 다시 태어날 수만 있다면, 두 다리가 건강한 엄마가 되어 우리 정아 손잡고 어디든 가보고 싶다.

정아야, 사랑해. 널 사랑해. 엄마는 미워해도 괜찮지만 세상은 미워하지 마라. 네가 허락만 한다면 나보다 널 더 사랑하고 싶단다.

우리 딸 정아에게
늘 미안한 엄마가

나는 바뀌었다. 그전처럼 큰 말썽을 부리지는 않았지만, 그렇다고 살갑게 구는 예쁜 딸도 아니었다.

일용직으로 일하시는 아버지는 일하는 날보다 쉬는 날이 더 많았다. 우리는 가난했다. 그래서 대학은 꿈도 못 꾼다고 생각했다. 남들은 눈에 불을 켜고 공부하는 고3 여름, 나는 책 대신 소설책을 싸들고 학교에 다니는 '무늬만 학생'인 아이였다.

"정아야, 정아야."

어느 더운 날, 문을 꼭꼭 닫고 벽만 바라보고 있는데, 문지방에 기대앉은 엄마가 다정하게 불렀다. 나는 돌아보지도 않고 퉁명스레 말을 뱉었다.

"왜 또?"

"이리 좀 내려와 앉아봐. 엄마가 줄 게 있어. 이거 풀어봐."

엄마는 보따리 하나를 내 앞으로 밀어놓았다.

"이게 뭔데?"

"정아에게 너무 고마워서……. 이거 풀어봐."

여러 겹의 보자기로 싼 상자 안에는 뜻밖에도 돈이 가득 들어 있었다. 모두 370만 6,000원. 그동안 엄마가 부업으로 모은 돈이었다. 다리가 불편해 은행에 못 가니 받는 대로 차곡차곡 넣어두었다는 돈이

자로 잰 듯 차곡차곡 상자 속을 가득 채우고 있었다.

"우리 정아 대학 보내려고……. 엄마 돈 많지? 공부해서 대학 가. 돈 간수하기가 이렇게 힘들 줄 몰랐다. 우리 정아가 엄마 곁에 있어준 게 고마워서 주는 선물이야."

엄마는 사탕을 포장하는 부업을 하셨다. 그동안 방구석에 가득 쌓인 사탕 통을 오며 가며 발로 차고 집어던지곤 했었는데……. 그 기억이 떠오르자 눈물이 흐르기 시작했다. 처음으로 엄마 손을 잡고 바보처럼 울었다.

나는 '속물'이었다. 엄마의 마음이 그대로 녹아든 돈 뭉치를 보고 나서야 정신을 차린 속물. 그 후 나는 엄마의 소원대로 간호학과에 진학했다.

엄마가 내게 건넨 사랑의 선물은 늘 그렇게 감당할 수 없을 만큼 컸다. 고개를 돌려 그것을 제대로 보지 않았을 뿐이었다.

나는 이제 엄마가 나를 데려와 주지 않았더라면 이보다 훨씬 더 힘든 삶을 살았을 것이란 걸 아는 나이가 되었다. 오로지 나 하나만 바라보는 엄마가 때로는 부담스러울 때도 있지만, 항상 엄마의 큰 사랑을 떠올리면서 살게 된 이후로는 전혀 다른 사람이 되었다. 이제 병원에서는 친절하고 상냥한 간호사로 소문이 자자하다.

미래의 남자친구가 내가 살아온 과정을 알고 어떤 반응을 보일지는 알 수 없지만, 나는 마음을 편하게 먹으려고 한다.

 '엄마! 나 인기 좋아. 시집 못 갈까봐 걱정 마세요. 결혼하면 엄마 아빠 모시고 함께 살 거야.'

3부

희망이 내려다보이는 옥탑 방

'그래도 행복해, 행복해, 행복해.'
마음만 먹으면, 그리고 아주 작은 것에도
행복할 준비가 되어 있다면
온 세상에 행복이 있음을 느낄 수 있다.

희망이 내려다보이는 옥탑 방

가파른 계단을 끝까지 오르면

우리 집이 보인다. 그 집에서도 우리는 하늘과 가장 가까운 곳에 산다. 그렇다. 옥탑 방이다.

여름에는 찜통이요 겨울에는 '냉방 완비'의 추운 곳이 되지만, 이 집을 사랑할 수밖에 없다. 거기에는 그럴 만한 이유가 있다. 절망의 끝에서 희망이라는 길로 가는 전환점이 되어주었기 때문이다.

이 조그만 집에서 나는 전화기 두 대에 팩스, 컴퓨터, 프린터만을 가지고, 말로만 듣던 제조업과 온라인을 결합한 온 앤드 오프(on and off) 체제의 인터넷 무역 사업을 시작했다. 늦은 나이에 선택한 이 사업은 결코 만만한 일이 아니었지만, 그래도 적은 자본으로 시작하기에 적합했던지라 희망을 안고 첫발을 내딛었다.

하루 종일 집 안 사무실에 앉아 인터넷 검색으로 업체들을 찾아다니고, 들어온 주문서에 답장을 하며, 남편의 옛날 거래처 목록이 담긴 빛 바랜 서류 뭉치들을 찾아 거래 제안서를 띄운다. 자본이 워낙 적어서 적극적으로 마케팅하기는 힘들지만, '희망'이라는 버팀목이 있어 추진력과 인내력을 절대 잃지 않는다.

하지만 하루 종일 옥탑 방 안에서 컴퓨터를 상대로 씨름하다 보면, 동네 아주머니들과 어울릴 수 있는 여유가 없다. 고작 나가보는 게 시장과 옥상이다. 그래서 가끔씩 나를 불러주는 집주인 아주머니의 목소리가 그렇게 반가울 수가 없다.

"어디 아파? 얼굴이 누렇게 떴네. 집 안에만 있으면 우울증 걸려. 사는 게 힘들수록 밖으로 돌아다녀야지, 그럼 안 돼. 차 한잔 같이 하자. 얼른 내려와."

언니 동생 사이로 지내게 된 집주인 언니의 목소리에선 진한 커피향 같은 다정함이 느껴진다. 함께 어울려 이런저런 이야기를 나누다 보면 서너 시간이 후딱 지나간다. 또 집주인 언니와의 이야기 보따리 속에 빠지다 보면, 꼭꼭 담아두었던 내 이야기가 솔솔 나와버린다.

남편은 그날 기절해 버렸다. 외국에 수출했던 물품 대금이 오리무중이 되고, 50만 달러어치 물품을 가져갔던 사람들이 자취도 없이 사라진 그날 말이다.

"피눈물난다"는 말이 있다. 그게 '그냥 하는 말'인 줄로만 알았다. 그런데 그날, 남편 눈에서는 정말로 피가 나와 볼을 타고 흘러내렸다.

그 후 우리 가족은 상상조차 할 수 없었던 잔인한 현실에 맞닥뜨리게 되었다. 우리는 우선 회사를 살리기 위해 은행과 친척들에게 돈을 빌려 모두 쏟아 부었다. 그러나 백방의 노력에도 불구하고 결국 회사는 남의 손에 넘어가고야 말았다.

남편은 밤마다 짐승처럼 울었다. "너무 억울해서 죽고 싶다"고 했다. 만일 책임져야 할 처자식만 없었다면 충분히 그렇게 하고도 남았을 사람이었다. 그걸 내가 왜 모르겠는가.

폭풍이 쓸고 간 폐허처럼, 우리 가족에게 남은 것은 아무것도 없었다. 한밤중에 건장한 청년들이 들이닥쳐 남편을 데리고 갔다. 남편은 날이 밝아서야 초점 없는 눈동자를 하고 돌아왔다.

남편의 성화에 쫓긴 아이들과 나는, 근처 동생 집으로 피신했다. 그때 남편은 혼자 남아서 모든 걸 몸으로 막아냈다.

부도 이후, 남편이 겪어야 할 고통은 마치 순서를 정해놓은 것처럼 몰아치기 시작했다. 깊은 상처를 치유할 여유도, 권리도 허용되지 않았다.

친정 식구들은 남편을 원망했다. "대책도 없이 회사만 키우다가 그

렇게 만들었다"는 것이었다.

　우리 가족이 처한 현실처럼 얼음이 굵게 언 어느 추운 날, 우리는 지하 사글셋방으로 옮겨갔다. 짐들이 지하 방 안으로 들어가다 멈추었고, 짐을 옮기던 사람들은 고개를 내두르다 집 밖에 짐들을 차곡차곡 쌓아두고 가버렸다. 지하 방은 발 디딜 틈이 없을 정도로 짐으로 들어차서 숨이 턱턱 막혔다.

　그리고 간신히 밥만 해 먹을 수 있게 만들어놓은 부엌에는 환풍기가 없었다. 지하이다 보니 가스 불을 사용할 때마다 머리가 아프고 어지러웠다. 화장실 배수구를 통해 쥐가 드나들고 방 안으로 물까지 새어 들어왔다.

　이사 온 지 한 달이 지나자, 방 안 어딘가에서 물이 새기 시작했다. 집주인이 기술자랑 같이 와서 보더니 "원인을 모르겠다"면서 방구석에 커다란 구멍만 뚫어놓고 갔다. 그 구멍에는 옹달샘처럼 물이 고여서 날마다 몇 바가지씩 퍼내야만 했다.

　그래도 좋았다. 두 달이 넘도록 물이 샘솟는 방, 그곳에서 먹고 자고 하는 생활도 견딜 수 있었다. 남편만 잘 버텨주면 모든 걸 참아낼 수 있다고 생각하고 살았다.

　그러나 남편은 시도 때도 없이 떠오르는 억울한 기억으로 인해 괴로워했다. 남편도 인간이었다. 문득문득 치밀어 오르는 분을 삭이지 못해 술의 힘을 빌려 억지로 잊고 살았다. 그런 남편을 보고 있으면 물가에 아이를 내놓은 엄마처럼 언제나 조마조마하고 가슴이 아팠다.

얼마 뒤 석 달이 밀린 은행 연체 이자가 500만 원이 넘었고, 사글셋방 보증금마저 압류하겠다는 통고가 날아들었다. 정말로 죽고 싶었다.

어느 날 내 소식을 들은 친구가 찾아왔다. 그리고 누워 있는 내 머리맡에서 눈물을 훔치면서 말했다.

"더 이상 내려갈 수 없을 정도로 밑바닥까지 왔는데, 이제부터 올라가야지."

친구의 말은 내 뇌리에 오랫동안 남아 희망의 불씨가 되어주었다. 노력하는 만큼 미래는 우리에게 텃밭을 내어줄 것이다.

새 일을 찾아 여기저기 쫓아다니던 남편은 친구와 동업을 시작했고, 나는 미용 기술을 배우며 생활 전선에 뛰어들었다. 그러나 한편으로는 항상 아이들이 마음에 걸렸다.

"엄마. 난 이 집에 사는 게 하나도 창피하지 않아. 그리고 옛날보다 생활하기도 편해. 왠지 알아? 집 안에서 많이 돌아다니지 않아도 되잖아. 봐! 방에서 한 발짝만 나가면 화장실 있지, 부엌 있지. 이렇게 편한데 엄만 이게 싫어?"

내가 미안해할 때마다 아이들은 이렇게 나를 위로했다. 그래도 지하에 살기 시작한 이후로 친구를 전혀 데려오지 않는 큰아이를 보면 마음이 저렸다.

지하 방에 살면서도 마음만은 편했던 우리는, 결국 방에서 솟아나는 물을 막지 못한 채 장마철을 맞았다. 서둘러 긴급 대피처를 구했고, 지금의 옥탑 방으로 이사했다. 남편은 지하 방에서 옥탑 방까지 전전한 것이 미안하고 안쓰러웠던지 술까지 끊었다.

이제 더 이상 방 안에서 물이 새는 일도, 쥐가 나타나는 일도 없었다. 이 작은 변화만으로도 우리 가족은 너무나 행복했다. 그뿐만이 아니었다. 옥탑 방으로 이사해서 좋은 점은 또 얼마나 많은지……. 빨랫줄에 빨래를 반나절만 걸어두어도 눈부신 햇살에 보송보송 기분 좋게 마른다. 그런 옷가지들을 걷다 보면, 마치 바람결에 퍼지는 박하 향을 맡는 것처럼 상쾌해진다.

"아! 행복하다, 진짜로."

두 팔 벌려 하늘 저 멀리 퍼진 흰 구름을 향해 웃어보기도 한다.

나에게 이 옥탑 방에서 시작한 사업이 있어 정말 행복하다. 이제 밝은 미래가 우리 가족에게도 팔을 벌리고 있기에.

가끔씩 남편의 일이 난관에 부딪혀 함께 괴로워하다가도 '그래도 행

하늘과 가장
가까운 우리 집,

옥탑 가득 쏟아지는
눈부신 햇살…….

"아! 행복하다,
진짜로."

복해, 행복해, 행복해' 하고 수없이 되뇌다 보면 그 괴로운 마음은 어디론가 사라진다. 그 대신 행복이 내 손을 잡아주고 있음을 느낀다.

마음만 먹으면, 그리고 아주 작은 것에도 행복할 준비가 되어 있다면, 온 세상에 행복이 있음을 볼 수 있다. 때때로 무너지려는 희망을 목숨처럼 붙들고 살다 보니, 큰 불행에는 마음을 넓히고 조그만 행복에는 엿가락처럼 길게 늘려 만끽하는 노하우를 터득했나 보다.

내 이야기를 듣던 집주인 언니는 "많은 걸 배운다"면서 "더 좋은 방을 빌려주지 못해 미안하다"고 한다.

비교적 풍요롭던 지난날 만남을 후회한 적도 있었던 우리 부부. 그러나 가난해진 지금은 서로에게 너무나 소중한 존재가 되었다. 지금의 가난한 남편이 얼마나 고마운지 모른다. 우리는 서로에게, 또 아이들에게 "힘든 세월을 잘 견뎌주고 있어 고맙다"고 말한다. 함께 겪어야 할 어려움이 아직 많이 남아 있겠지만, 잃은 것보다 얻은 게 더 많은 것 같아 마음이 풍족하다.

남편과 나는 가끔 서로에게 다짐한다.

"행여 우리 형편이 좋아지더라도 가난한 지금의 마음을 절대 잊지 말고 살자."

가난한 남편과 가난한 부모를 둔 내 아이들, 그리고 우리에게 사무

실과 살림 공간을 동시에 준 이 작은 옥탑 방. 이 모든 것을 사랑하는 나는, 오늘 아침에도 아이들을 학교에 보내고 문지방을 넘어 나만의 사무실로 출근한다.

결혼 반지 대신 얻은 사랑

오늘 나는 사고를 쳤다. 그것도 대형사고로. 12년을 넘게 동고동락했던 오랜 친구를 매정하게 버린 것이다. 비가 오나 눈이 오나, 기쁠 때나 슬플 때나 언제나 함께했던 그런 친구였는데……. 마음이 정말 아프다.

지금 내 손가락에는 투명 반지가 끼워져 있다. 12년 넘게 끼고 있던 반지 대신. 그렇다. 눈치 빠른 사람이라면 벌써 알아챘겠지만, 오늘 헤어진 친구는 바로 결혼 반지다.

"든 자리는 몰라도 난 자리는 자꾸 눈에 들어오는 법이야"라시던 친정 어머니 말씀이 딱 맞는 것 같다. 아무리 냉정한 척 애를 써도 눈길이 자꾸 빈 손가락으로 향한다. 선명하게 남은 반지 자국이 마음을 더 착잡하게 만든다. 12년 넘게 끼고 있을 때는 있는 듯 없는 듯했는데, 아무것도 없는 손가락을 바라보니 그 빈자리가 매우 허전하게 느

꺼진다.

　조그마한 음식점을 꾸려가며 생활하는 우리 네 식구. 그런 우리에게 얼마 전 '제2의 IMF'가 찾아왔다. 가게에서 나오는 수입으로는 생활비는커녕 임대료도 못 낼 처지가 되었던 것이다. 근처에 대형 음식점이 줄줄이 들어서면서부터다.

　"여보. 임대료도 그렇지만, 뭘 가지고 장사를 하지? 수중에 돈이 다 떨어졌는데……."

　우리 부부는 오랜 시간 이야기를 나누었다. 그러고는 '급한 불이라도 꺼보자'는 심산으로 결혼 반지를 팔기로 했다. 남편 것과 내 것 모두. 그러나 반지를 팔기로 결정한 것도 쉬운 일이 아니었는데, 그걸 들고 금은방에 들어가는 것은 더 큰 문제였다.

　엄마 속도 모르고 졸졸 따라오던 아이들을 서점으로 몰아넣었다.

　"여기 들어가서 동화책이라도 보고 있어. 엄마 금방 올게."

　눈치 빠른 큰애가 알아차리기라도 할까봐 겁이 났다. 다른 볼일 보러 가는 척하다가 금은방으로 향했다. 하지만 차마 금은방 문을 열지 못했다.

　금은방 안을 슬쩍 보았다. 대여섯 명의 여자들이 반지를 구경하면서 수다를 떨고 있었다. 반지계라도 하는 것 같았다.

'이러다가 혹시 아는 사람이라도 마주치는 거 아냐?'

사람 없을 때 들어가서 잽싸게 팔고 나오겠다던 내 계획은 처음부터 어긋났다. 금은방 앞에서 왔다 갔다 하면서 눈치를 봤지만, 그 안의 사람들은 요지부동이었다. 평소에 한산해 보이기에 선택한 곳이었는데, 오늘은 정말 이상했다.

추운 날씨에 발을 동동 구르면서 한참을 기다렸더니, 손님들이 우르르 쏟아져 나왔다. 나는 주위를 휙 둘러본 다음, 급하게 문을 열고 금은방으로 들어갔다. 그리고 물어보았다.

"아저씨, 저……반지도……사시나요?"

그 말을 몇 번이나 연습했는데도 차마 입이 떨어지지 않았다. 겨우 기어 들어가는 목소리로 더듬댔다.

주인이 퉁명스럽게 말했다.

"어디, 물건이나 봅시다. 얼마나 되는데요?"

주인은 내가 반지를 꺼내는 걸 보더니 처음부터 기선 제압에 나섰다.

"보증서가 없으면 제값 받기 힘들 텐데요."

그러면서 반지들을 건네받았다. 그런데 그 순간, 반지가 유리 진열대 위로 툭 떨어졌다. 남편 반지가 데구루루 구르는데, 그러다가 금방 바닥으로 떨어질 것 같았다.

"어머머머!"

나는 깜짝 놀라 소리를 질렀다. 하지만 금은방 주인은 천하태평이었다. 남편 반지가 진열대 모서리에 간신히 걸려 있는데도, 본체만체하며 내 반지만 주물럭거리는 것이었다.

'남의 소중한 물건을 이렇게 함부로 다뤄도 되는 거야?'

속이 상하고 자존심이 땅바닥에 떨어지는 것 같았다. 멸시당하는 기분까지 들어서 반지를 빼앗아 나와버리고 싶은 마음이 굴뚝같았다. 그렇지만 우리 집 처지를 생각해 욱하는 마음을 꾹꾹 눌러 참았다. 분을 삭이고 한 푼이라도 더 받아야만 했다.

"이거……많이 쳐드리기는 어렵겠는데요."

마치 우리 집 사정을 꿰뚫어 보기라도 한 듯 금은방 주인이 회심의 미소를 지으면서 말했다. 그가 제시한 금액은 정말 말도 안 되는 것이었다. 한참 동안 가격을 놓고 실랑이했다. 주인은 끄덕도 하지 않았다. 사정도 해보았다.

"우리 부부가 재산 1호로 아껴온 결혼 반지예요. 조금만 더 쳐주세요."

그런데 하필이면 바로 그때 여자 손님이 들어왔다. 시계 배터리를 갈아달라는 것이었다. 나는 속으로 '빨리 배터리를 갈고 나가주었으면' 하면서 머뭇거렸다. 하지만 그 여자 손님은 나가기는커녕 유리 진열대 위에 턱까지 괴고서는 가격 흥정하는 우리를 뚫어지게 쳐다보는 거였다.

내가 주인에게 "저 손님 배터리 먼저 갈아주라"고 했더니, 그 여자 손님의 한 마디.

"저 시간 많아요."

금은방 주인이 난처해하는 내 심리를 간파했다. 그러고는 돈을 세어 내밀었다. 자기가 처음에 제시한 금액 그대로였다.

"이렇게 드리면 제가 손해 보는 겁니다. 너무 잘 쳐드린 거라니까요. 형편 좋아지면 다시 나오세요. 잘해드릴게요."

봉투도 없이 툭 건네준 돈을 받아들고 나니, 금은방 주인의 얼굴이 욕심보에 심술보까지 붙은 놀부처럼 보였다.

결국 흥정은 나의 참패로 끝났다. 너무 창피해서 몇 마디 해보지도 못하고 도망치듯 그곳을 빠져나올 수밖에 없었다. 그런데 왜 그리 뒤통수가 따갑게 느껴지던지. 그 여자 손님이 내가 나가는 모습을 보면서 '결혼 반지까지 팔아먹는 한심한 여자'라고 흉을 보는 것만 같았다.

금은방을 나와 길모퉁이를 돌아서는데, 걷잡을 수 없이 눈물이 쏟아졌다. 북받쳤던 설움이 한꺼번에 눈물로 흘렀다.

주머니에 손을 넣어보니 주인 잃은 허전한 반지 케이스가 손에 잡혔다. 다른 쪽 주머니에는 소중한 친구를 팔아 얻은, 얼마 되지 않는 돈이 만져졌다. 평소에는 동전 한 닢에도 고마워할 줄 알았는데, 오늘은 어쩐지 목돈을 쥐고도 반갑지 않았다.

몸에서 기운이 다 빠져버려 바람 빠진 풍선처럼 흐느적거리면서 걷다가 아이들에게 햄버거 세트를 사주었다. 하지만 아이들이 맛있게 먹는 모습을 보니 속상했던 마음은 사라지고, '그래도 반지가 있어서 다행이었다'는 생각이 들었다. '부모는 자식들의 먹는 모습만 봐도 배부르다'는 말을 새삼스레 실감했다.

'그래! 나에겐 잃은 것보다 소중한 게 아직 많아.'

이렇게 무너졌던 가슴을 스스로 추슬러보았다.

문제는 입을 꾹 다문 남편이었다. 미안해서인지 속상해서인지 도통 입을 열지 않았다. 아무리 힘들어도 결혼 반지까지 팔게 될 줄은 상상도 못했는데, 막상 이렇게 되고 보니 그의 심정도 말이 아닐 것이다.

그동안 수없이 고생을 하면서도 성실하게 살아왔고, 노력한 만큼 반드시 대가가 있을 것이라는 희망으로 꿋꿋하게 견뎌온 사람이었다.

나는 남편의 손을 잡고 말했다.

"여보! 우리 반지는 그냥 잃어버렸다고 생각해요. 아니면 처음부터 없었던 걸로 치면 되죠. 사실 반지가 우리 결혼의 주인공은 아니었잖아요. 그러니까 우리, 이제 잊어요."

남편은 말없이, 맞잡은 내 손을 꼭 쥐었다.

이른 아침 우유 아줌마가 경찰에 쫓긴 이유

그날 아침은 바람 한 점 없이 후덥지근하기만 했다. 새벽에 오토바이로 골목골목을 돌며 우유를 넣고는, 출근하는 남편과 아이들 등교 준비 때문에 잠시 집에 들르는 길이었다. 사거리의 좌회전 차로에 들어서서 무심코 뒤를 돌아다보았다. 두 대의 승용차가 서 있었고, 그 뒤로 경찰 순찰차가 신호를 기다리는 중이었다.

그런데 사단이 일어나고야 말았다. 순찰차 운전석에 있던 경찰관과 눈이 마주친 게 화근이었다. 서로의 눈이 마주친 순간, 그 경찰은 한쪽 손을 차창 밖으로 내밀며 신호를 보냈다. 길가로 오토바이를 세우라는 것이었다. 못 본 척하다가 다시 뒤를 돌아보니 또 수신호를 보낸다.

'무슨 일일까?'

공연히 겁이 나기 시작했다. 별 생각을 다 하고 있는데 왠지 머리가 허전했다. 머리를 만져보고 나서야 뭐가 문제인지를 깨달았다.

'악~, 내 헬멧. 새벽에 설치다가 보급소에 두고 왔구나.'

갑자기 울화가 치밀었다. 하루 종일 골목 강아지처럼 돌아다녀도 교통 위반 범칙금 딱지 값도 못 번다는 생각을 하니 서러움이 복받쳐 오르는 것이다.

'빵빵' 하는 경적 소리가 나기에 뒤를 돌아보니, 이제는 경찰이 클랙션까지 울리면서 오토바이를 길옆으로 대라고 수신호를 보낸다. 하지만 모른 체하고 정차 중인 차량들 사이를 지나 달리기 시작했다. 이럴 때는 뺑소니가 장땡이다. 그러다가 뒤를 힐긋 쳐다보니 경찰차도 차선을 바꿔 내 뒤를 따라오고 있었다. 오기가 치솟았다.

'에라, 모르겠다. 설마 우유 아줌마가 헬멧 한번 안 썼다고 여기까지 쫓아오겠냐?' 하고 생각하고는 골목길로 들어가 쏜살같이 도망쳤다.

한참을 달아나다가 '이젠 괜찮겠지' 싶어 뒤를 돌아보니, 이럴 수가……. 경찰차가 경광등까지 번쩍이면서 내 뒤에 바짝 붙어 따라오고 있었다. 이쯤 되면 어쩔 수 없다. 두 손 두 발 다 들고 항복하는 수밖에.

모든 것을 포기하고 전봇대 옆에 오토바이를 세우는데, 다리가 후들

후들 떨렸다. 순식간에 오토바이 앞을 가로막은 순찰차. '끼이익' 하는 급제동과 함께 차 문 네 개가 동시에 열렸다. 네 명의 건장한 경찰 청년이 튀어나와 나를 에워쌌다.

'이건 좀 너무한 거 아냐' 하는 생각이 들었다. '고작 오토바이 헬멧 안 쓴 거 가지고 이렇게 달려드는 건 뭐람.'

수신호를 보냈던 경찰이 말을 걸었다.

"아지매, 우째 도망을 갑니꺼?"

'그냥 가도록 못 본 척하지. 너희는 이렇게 힘들게 사는 내가 불쌍하지도 않냐.'

속으로는 이렇게 푸념하면서도 애써 웃음 지으며 막 변명을 늘어놓으려는데, 옆에 선 경찰이 말을 가로막는다.

"아지매, 우유 네 개만 주이소. 아침부터 웬 날씨가 이리 덥노?"

그러면서 호주머니에서 권총이 아닌 돈을 꺼내는 게 아닌가. 나는 뭔가를 꺼내려는 그를 보고 화들짝 놀랐다가 제정신이 들었다.

"아, 아저씨들 고생이 많지예?"

아이스박스에서 우유 네 개를 꺼내 주면서 요구르트 한 줄을 서비스로 내놓았다.

"와! 이 아지매 최고다. 고맙심더. 잘 마시고 골목에 나쁜 놈들 없도록 열심히 지키겠심더."

그날따라 아침 햇살이 유난히도 빛나 보였다. 그리고 열심히 근무하는 경찰 아저씨들에게 괜한 오해로 서운한 마음을 가졌던 내 자신이 부끄럽기만 했다.

오토바이 타고 오늘도 새벽길을 누비는 전국의 우유 아줌마들이여. 어쨌거나 헬멧은 꼭 쓰고 다닙시다!

세상에서 가장 아름다운 가족 약속

나는야 맞벌이 주부. 아침마다 네 살 난 딸아이를 친정 엄마에게 맡기고 직장에 나간다. 처음에는 헤어지기 싫어하는 아이 때문에 좀처럼 발걸음이 떨어지지 않았다. 회사에서도 아이 얼굴이 자꾸 눈에 밟혀 실수를 하기도 했다. 그러면서도 '좀더 열심히 일하면 지금보다 나은 환경에서 살 수 있다'는 신념으로 버텨왔다.

"얘야. 애가 이상해. 열이 팔팔 끓는다."

어느 날 엄마가 다급한 목소리로 전화를 했다. 나는 허둥지둥 집으로 달려가 아이를 안고 병원으로 뛰었다. 급성 기관지염에 폐렴이 겹쳤다고 했다.

아이는 병원에 입원하게 되었다. 처음에는 엄마가 아이를 돌봤지만, 노인의 체력으로는 무리였다. 자꾸 열이 나서 울어대는 아이를 업고 안고 달래기는 쉽지 않은 일이었다. 어쩔 수 없이 남편과 내가 교대로 일찍 퇴근해서 아이 곁에 있어주기로 했다.

고통에 힘겨워하는 아이와 함께 많이도 울었다. 정말이지, 내 몸이 아픈 게 차라리 나을 것 같았다. 의사 표현도 잘 못하는 아이가 아파서 저렇게 신음하는데, 그래서 저렇게 애타게 엄마를 찾는데 그 곁에 항상 함께 있어주지 못한다는 사실이 너무나 가슴 아팠다.

입원한 지 사흘째 되던 날, 친정 엄마가 결국 몸살에 걸리고야 말았다. 그래서 회사에 사정을 전하고 오전 시간을 낼 수 있게 되었다. 오후에는 남편이 병원에 와서 교대를 해주었다.

그런데 다음날이 문제였다. 병원에서는 "몇 가지 검사를 더 해야 하니까 보호자가 꼭 있어야 한다"고 했다.

우리 부부는 고민했다. 병원에는 내가 있어야겠지만, 회사 일이 문제였다. 가뜩이나 바쁜데 자꾸 자리를 비우는 것도 마음에 걸렸다. 더구나 전셋집을 장만할 때 사장님에게 개인적으로 빌린 빚까지 있었다.

이러지도 저러지도 못하고 있는 나를 보고 남편이 말했다.

"걱정 마. 내가 우리 사장님께 한번 부탁해 볼게."

남편은 즉시 자기 회사 사장님에게 전화를 걸었다. 남편이 사장님에게 자초지종을 이야기하는 것 같았는데, 갑자기 안색이 변하더니 쓰디

쓴 웃음을 지었다. 전화를 끊고는 나에게 이렇게 말했다.

"우리 사장님께서 며칠 휴가를 준다네. 그러니까 여기는 신경 쓰지 말고 출근해."

………. 그때 나는 왜 몰랐을까.

입원한 지 여드레째 되던 날, 딸아이는 퇴원을 할 수 있었다. 그날 남편은 우리를 보고 약속했다.

"연말에 선물 사줄게."

남편은 딸에게는 예쁜 인형을, 내게는 구두를 선물해 주겠다면서 자상하게 웃었다. 아이와 나는 기분이 너무 좋아서 날아갈 것 같았다. 다음날부터 아이는 친정에 맡겨두고 여느 때와 같이 출근을 했다.

그런데 그날 이후로 이상한 점이 하나 둘씩 눈에 들어왔다. 남편은 매일 새벽녘에나 들어왔다. 게다가 옷은 흙투성이가 되어 있었고, 들어오기가 무섭게 바로 누워 잠이 들었다. 아침마다 남편에게 "무슨 일이냐"고 물었지만 "응, 응. ……그런 일이 있어"라는 대답밖에 듣지 못했다.

하루는 잠을 자면서 끊임없이 발을 긁는 남편을 발견했다. 이상하다 싶어 이불을 젖히는 순간, 숨이 멎는 것 같았다. 남편의 발을 본 내 눈에는 어느새 굵은 눈물이 흘러내리고 있었다.

무슨 일인지는 모르겠지만, 남편은 힘든 날품팔이 일을 하고 있는 게 틀림없었다. 남편의 두 발은 동상에 걸렸는지 붉게 변한 채 퉁퉁 부어 있었다. 그 언 발이 따뜻한 방에 누우니 풀리면서 간지러웠던 것이다. 그래서 저렇게 계속 긁어댔던 것을······.

곧장 약국으로 달려가 연고를 사다 발라주었다. 수건에 따뜻한 물을 적셔 남편이 깰까봐 조심조심 닦은 뒤 연고를 바르는데, 눈물이 자꾸 앞을 가렸다. 그러다가 혹시라도 남편이나 아이가 들을지 몰라, 이불을 뒤집어쓰고 통곡했다. 왜 우리에게 이런 시련이······.

다음날 남편은 아무 일 없었다는 듯 출근을 했다. 나는 그런 남편의 뒷모습을 보면서도 알은척할 수가 없었다.

회사에 출근하자마자 남편 회사에 전화를 했다.

"저······×××씨 좀 부탁합니다."

그러자 들려오는 아가씨의 목소리.

"퇴사하셨습니다."

짐작은 했지만, 비로소 확인하고 나니 억장이 무너지는 것 같았다. 하지만 나보다 더욱더 가슴 아파할 남편을 생각하니, 미안하기 그지없었다. 우리 사정을 이해 못해주신 그 회사 사장님이 너무나 야속하고 미웠다.

연말이 다가오고 있었다. 그러던 그해의 마지막 날, 남편이 회사로 전화를 걸어왔다.

"우리도 오늘 송년회 하자. 퇴근하면 곧바로 와."

모든 일을 끝낸 후 대충 정리하고 퇴근했다. 집으로 가는 길에 시장에 들렀다. 남편이 좋아하는 삼겹살과 소주 한 병, 딸애가 좋아하는 만두랑 콜라, 마지막으로 조그만 케이크를 샀다. 집으로 향하는 발걸음이 얼마나 가볍던지 쉬지도 않고 마구 뛰었다.

삼겹살을 굽고 소주를 곁들여 간단하게 식사를 했다. 그러고 나서 곧 상을 물리고 케이크에 초를 몇 개 꽂고 불을 붙였다. 딸아이는 얼마나 좋은지 깡충깡충 뛰었다. 남편은 그런 아이의 모습을 흐뭇한 눈길로 바라보았다. 나는 아이와 남편을 보면서 생각했다.

'이 작은 행복만으로도 충분해.'

조용히 앉아 있던 남편이 갑자기 일어나 방 한쪽 구석에 놓여 있던 쇼핑백을 들고 왔다. 그가 꺼내는 물건을 확인하는 순간, 눈물이 핑 돌았다. 곰돌이 인형이었다. 인형을 받은 아이는 기쁨을 감추지 못하며 아빠의 뺨에 뽀뽀를 했다. 하지만 나는 흐르는 눈물 때문에 남편이 준 선물의 포장지를 뜯지 못했다.

"그랬구나. 남편은 우리와의 약속을 지키려고 그랬던 거구나."

남편에게 너무나도 미안하고 고마웠다. 또 행복한 순간을 만들어준 남편이 그토록 사랑스러울 수가 없었다.

한참 동안 눈물을 흘리다가 남편에게 말했다.

"자기야. 선물 준비 못해서 미안해. 나는 당신이 얼마나 자랑스러운지 몰라. 그리고 우리는 부부니까 이제부터 힘든 일 있으면 같이 고민하고, 정말 힘들 때는 같이 할 테니까……."

남편이 내 말뜻을 알아들은 것 같았다. 남편의 눈에서도 눈물이 흐르고 있었다. 나는 남편의 손을 꼭 잡고 말을 이었다.

"이제는 조금 쉬면서 생각해 보자, 응? 당신에게는 우리가 있고, 또 우리에게는 당신이 그 무엇보다도 더 소중해. 당신은 좋은 사람이라 분명 좋은 소식이 있을 거야. 걱정하지 말고 당신 건강이나 신경 써."

잠자코 듣고 있던 남편이 두 팔을 뻗어 내 어깨를 감쌌다. 그러고는 아무 말 없이 꼭 안아주었다. 눈물 흘리는 우리 부부를 보고 아이가 따라 울면서 물었다.

"엄마 아빠, 어디 아파? 응? 아프면 안 돼."

내가 대답했다.

"아냐. 지금 엄마랑 아빠는 너무 행복해서 그래. 행복해서 울기도 하는 거야."

날개 달린 작업복

경기가 어렵다는 요즘, 사장 남편과 함께 출근하는 마누라 사원이 많을 것이다. 남편과 나 역시 조그마한 공장을 함께 운영하고 있다. 단조 가공 공장인데, 상세하게 말하자면 끝이 없겠다. 그냥 무거운 쇳덩이 그리고 기름과 하루 종일 싸우는 일이라고 생각하면 편하려나. 이른바 '3D업종'인 것이다.

사실 젊은 사람들이 3D업종에 취업하는 걸 기피하기 때문에, 사장 마누라인 나까지 공장 일을 하게 되었다. 나는 출근하자마자 기름때 묻은 작업복으로 갈아입고 현장에 간다.

나는 원래 이 공장의 경리였다. 그렇지만 이제는 장부 정리는 10분 안에 끝내고, 현장 일을 돕는다.

'사람은 옷이 날개'라는데, 이상하게도 기름때 묻은 작업복이 내게는 무척이나 잘 어울린다. 거래처 사장님이 방문했다가 놀라기도 하지만, 나는 이 모습이 전혀 부끄럽지 않고, 오히려 떳떳하기만 하다. 처음에 작업복을 입고 공장에 들어갔을 때는 직원들이 슬슬 피하기도 했다. 그러나 이제는 내 도움이 필요할 때마다 이렇게 소리친다.

"아줌마!"

나는 웃으면서 이렇게 대답한다.

"네! 아줌마 여기 있어요. 항상 대기중입니다~. 뭘 도와드려요?"

그러면 직원들은 이렇게 농담을 받는다.

"아휴, 정말 못 말리는 아줌마라니까."

남편이 이 사업을 처음 시작할 때는 직원들이 많았지만, 지금은 가족같이 단출하다. 직원들 각자 맡은 기계가 있는데, 내 도움이 필요해서 불러줄 때면 정말 행복하다.

토요일에는 공장 일을 쉬고 집안일을 했는데, 요즘에는 토요일에도 호출당하기 일쑤다. 남편이 전화를 걸어 "직원들이 찾는다"고 한다. 그러면서 뾰루퉁하게 이 말을 덧붙인다.

"너, 인기 짱이다."

남편의 말에 질투가 섞인 것 같아 기분이 좋다.

가끔 남편과 직원들이 땀 흘리면서 고생하는 걸 보

면 '왜 이렇게 힘들게 살아야 하나' 하며 마음 아플 때도 있다. 요즘 우리 같은 업종에서는 사람 구하기가 하늘의 별 따기다.

우리가 학교 다닐 때만 해도 '기술자'라고 하면 '자기 식구 밥은 안 굶긴다'고 해서 꽤 인기가 있었는데, 요즘은 아닌 것 같다. 번잡한 시내를 가보면, 한창 땀 흘리면서 일해야 할 젊은이들이 이상한 복장을 하고 유흥업소 홍보를 하고 있다. 그런 걸 보면 '부족한 일손들이 여기에 있었구나' 하는 생각이 든다. 대기업들이야 돈이 있으니 중국 진출도 하지만, 우리 같은 영세 기업들은 직원 구하기가 힘들어 줄줄이 문을 닫는 현실이다.

TV 드라마에서 변호사나 의사 같은 직업을 가진 사람들만 등장시킬 것이 아니라, 땀 흘려 일하는 우리 같은 사람들을 많이 소개시켜 주었으면 좋겠다. 드라마에서 세상 사람들이 전부 다 멋진 일만 하는 것처럼 비춰주니, 젊은이들이 어려운 일을 기피하는 것 아닌가!

공장에 다니면 좋은 점이 많다. 땀 흘려 일을 하니 밥이 맛있다. 날씬한 몸매 만들려고 굳이 다이어트를 할 필요가 없다. 다리에 힘이 생긴다. 옷 값이나 신발 값을 아낄 수 있다. 기름때 묻은 작업복을 입고 있다가 외출복으로 갈아입으면 탄성이 절로 난다.

'나는 뭘 믿고 이렇게 멋진 걸까.'

종일 같이 지내다 보면, 남편과 다툴 때도 있다. 회사 일과 가정 일 때문에 숱하게 싸우기도 했다. 그래서 우리 둘은 작은 규칙을 세웠다.

퇴근 시간이면 남편과 나는 자동차에 타서 이렇게 한다. 남편은 자동차 기어에 손을 올려놓고, 나는 그 손 위에 내 손을 살며시 포갠다. 그리고 동시에 이렇게 말한다.

"공장 일은 끝! 우리는 부부!"

그리고 집으로 돌아가면서 애들 이야기, 저녁 반찬 이야기 등을 나누면서 함께 웃는다.

다음은 남편과 함께 정한 생활 신조다.

첫째, 항상 웃자(남편 휴대전화를 열면 이 문구가 뜬다).

둘째, 직원들보다 내가 더 잘해야 한다(남편은 기술자가 아니다. 굳이 말하자면 '일을 물어 오는 새'이다).

셋째, 사장이라고 재지 말자.

넷째, 두 번 다시 뒤돌아보지 말자(빚 보증으로 어려움을 겪었었다).

다섯째, 회사는 회사, 집은 집이다.

우리는 싸우기 싫어서 매일매일 서로 다짐을 한다.

내 주머니 속의 행복

"우리 사무실에서 청소하는 아줌마가 한 달에 50만 원 받는다기에 '차비 빼고 뭐 빼고 하면 남는 것도 없겠구나' 했는데, 당신이 이런 일을 하게 될 줄은 꿈에도 생각 못 했네. 거 참."

"그런 소리 말아요. 이 일 못해서들 난리야. 그리고 또 오라고 말하는 걸 보면 나는 참 운이 좋은 거라고요."

이렇게 말하면서 걱정하는 남편의 등을 떠밀어 출근을 시켰다. 그리고 늘 9시면 유치원 버스를 타는 둘째 아이를 8시 40분에 유치원으로 직접 데려다 주었다. 그러고 나서 부지런히 걸어 도착한 곳은 여고 급식실. 나의 모교이기도 하다.

나는 오늘 갑자기 집안에 일이 생겨 못 나오게 된 어느 분을 대신해 일하게 된 '대타'이다. 야구에만 대타가 있는 것은 아니었다. 일주일

전에도 대타를 뛰어봤고, 오늘 두번째로 맡게 된 것이다.

우선 급식실에는 8시 50분까지 출근해서 옷을 갈아입는다. 그리고 영양사에게 메뉴에 대한 설명과 주의사항 등을 들은 뒤 9시부터 일을 시작한다. 음식은 주 요리, 부 요리, 밥, 국 등 네 분야로 나뉘는데, 각자의 역할이 주어지면 영양사가 적어놓은 양대로 정해진 재료를 가지고 11시 30분까지 음식을 만들어내야 한다.

나는 그렇게 큰 솥이랑 국, 냄비 등을 처음 봤다. 감자 껍질을 벗기는 기계나 양파와 당근을 채 써는 기계도 난생 처음 보는 것이었다. 쌀 씻는 기계도 마찬가지. 놀랍고 신기하기만 했다.

오늘 내가 맡은 요리는 만두 튀김 50봉지. 시중에서 판매하는 것 중 가장 큰 봉지이다.

정신이 없다. 봉지 뜯어서 만두 넣으랴, 저으랴, 건지랴……. 그야말로 눈코 뜰 새 없다. 지금까지 살아오면서 이렇게 많은 땀을 흘린 것은 아마도 처음이 아닐까 싶다. 먹지도 않았는데 속이 니글거릴 정도이다.

다음 할 일은 소스 만들기. 양파 15킬로그램짜리 한 망을 까는데, 눈물이 앞을 가린다. 시간은 촉박한데 쉴 수도 없고. 나중에는 아예 눈을 감고 깠다. 이러저러한 어려움 끝에 결국 같은 팀 아주머니와 11시

30분까지 만두 튀김을 완성시켰다.

11시 40분부터는 배식 시간. 이때부터 내가 할 일은 식탁 닦기와 식판 나르기이다. 먼지 먹은 아이들의 식판이 가늑 차면 그것을 바구니에 담아 옮기는 일이 내 역할이다. 식판 한두 개의 무게는 아무것도 아니다. 하지만 그것이 수십 개 담긴 바구니는 정말 엄청나게 무겁다.

"아무도 걷지 않는 흰 눈길을 걸을 때도 아무렇게나 걷지 마라. 뒷사람에게는 길이 되기 때문에."

아이들이 수저와 젓가락을 놓고 가는 것을 볼 때마다 이런 시구가 떠오른다. 수저 통과 젓가락 통이 구분되어 있어 분리가 잘되는 편이지만, 어느 한 아이가 잘못 놓고 가면 그 뒤로는 엉망이 되어버린다.

무거운 식판 통을 들고 힘겹게 움직이는데, 어떤 아이의 말이 내 뒤통수를 때린다.

"니 그렇게 놀기만 좋아해서 앞으로 뭐가 되려고 그러니? 저 아줌마 좀 봐. 딱 10년 후 네 모습이네. 저렇게 식당에서 일하고 싶지 않으면 공부 좀 해라, 공부 좀! 저런 인생이 되고 싶은 거야?"

나는 부아가 치밀었다. 당장에라도 그 학생에게 말해 주고 싶었다.

'내 인생이 어때서? 니도 12년 전에는 이 학교에서 1, 2능을 다투는 수재였어.'

하지만 꾹 눌러 참았다. 그리고 나를 '실패한 인생'으로 바라보는 그 애들을 이해하기로 했다. 나 또한 저만할 때는 저랬으니까. 이렇게 힘들고 궂은일은 나하고 전혀 상관없는 것이며 불행한 사람들의 몫이라는 착각 속에서 살았으니까.

'그래, 후배들아. 나도 그랬단다. 소설 속에서나 나오는 눈부신 사랑을 하고 결혼을 하고, 사랑하는 사람과 향기 그윽한 찻잔을 마주하며 사랑을 속삭이는 장밋빛 인생을 살 거라고 믿었단다.'

재잘거리는 아이들의 얼굴은 환하기만 하다.

'후배들아, 현실은 달라. 하지만 너희가 그런 꿈을 지금 갖지 못하면 언제 갖겠니. 희망을 가지고 열심히 살아라. 그렇게 노력하면, 너희가 흘리고 간 음식 찌꺼기를 치우는 내 인생보다는 분명히 더 나을 수도 있을 테니까.'

아이들의 뒷모습이 멀어진다.

'하지만 후배들아. 내가 이렇게 사는 건 지금까지 열심히 살지 않아서가 아니고, 남편을 잘못 만나서도 아니란다. 다만 지극히 평범한 남자와 결혼을 했고, 이 사회의 현실이 혼자 벌어 살기 팍팍하기 때문에 그런 것이란다. 그렇지만 나는 행복하다. 행복은 너희가 좋아하는 순정만화에나 나오는 그런 게 아니란다.'

아이들의 뒷모습을 보면서 많은 생각을 했다. 아이들에게 그런 이야기를 해주고 싶었지만, 부질없을 것 같았다.

세척과 소독까지 모두 마치자 하루 일이 끝났다. 일당으로 받은 돈은 2만 원. 어떤 이들은 말한다. "돈 2만 원 벌려고 하루 종일 그렇게 고생하느냐. 나 같으면 그 돈 안 벌고 말겠다"고. 그러나 나는 은행에 들러 그 돈으로 우리 아이의 한 달치 급식비를 냈다. 내가 부지런히 일한 돈으로 딸아이의 한 달 밥값을 낼 수 있다면, 이는 결코 적은 돈이 아니라고 생각한다.

지금까지 딸아이에게 급식을 먹이면서도 '얼마나 위생적일까' 싶어 마음이 걸릴 때도 있었지만, 이제는 마음이 편하다. 집에서 먹이는 것보다 영양을 더욱더 골고루 따지고 위생과 청결도 엄격하게 지킨다는 걸 알았으니까.

4부

당신이 있어
행복합니다

억척 천사 아내,
무뚝뚝하지만 성실한 남편,
서로를 끔찍이 여기는 장인과 사위…….
삶의 모퉁이마다 그들의 따뜻한 마음이
봄날 새싹처럼 자라난다.

억척 천사를 아시나요?

　　　　　　　　　　　베란다에 핀 제라늄 꽃을 보고 있자니 수줍기 그지없던 아내의 옛 모습이 떠오른다. 연애할 때 아내는 한없이 수줍어하는 소극적인 여성이었다. 나는 아내의 그런 모습에 반해 청혼을 했고, 결혼에 골인했다.

　하지만 지금 내 곁의 아내는 수줍은 꽃과는 하등 관계없는 이미지로 변신했다. 아내는 무서운 아줌마다. 호랑이보다 더 무서운 마누라이기도 하고. 어떻게 이렇게 지독하게 바뀔 수가 있을까. 이 마누라가 얼마나 독한지 보자.

　이 나라에서 결혼해 집 한 채를 장만하려면 족히 10년은 더 걸린다고 한다. 집을 마련하는 데 청춘을 다 보낸다고 해도 과언이 아니다. 하지만 우리는 결혼 8년 만에 25평 아파트를 장만할 수 있었다. 맞벌이를 한 것도 아니었다. 그 비결은 바로 마누라, 특유의 악바리 깡순이 근성을 지닌 마누라 덕분이었다.

아내의 변신에는 이유가 있다. 사실 아내는 결혼해 처음으로 내 월급을 받아본 뒤 바뀌기 시작했던 것이다. 그토록 순했던 사람이.

아내는 하루도 빠짐없이 생활정보 신문을 뒤적인다. 또 알뜰장터가 열리는 날이면 어김없이 찾아가서 아이의 옷과 내 옷을 사 온다. 고백하건대, 나는 결혼 이후 지금껏 단 한 번도 새 옷을 입어본 적이 없다. 집 안의 가재도구들 또한 중고 고물상을 방불케 한다.

처음에는 남들이 입던 옷이라 찜찜하기도 했다. 살림살이들도 마찬가지였고.

"이거 금방 고장 나게 생겼는데. 이런 걸 어떻게 쓴단 말이야?"

"잠자코 구경이나 하시라니까."

폐기 처분 직전의 중고 가전제품들이 아내의 손을 거쳐 잘 돌아갈 때마다 '이렇게까지 하고 살아야 하나' 싶기도 했다. 하지만 아내가 보여주는 통장의 잔액이 다달이 늘어나는 걸 보면서 '그깟 것 중고면 어때' 하면서 아내의 행동에 따르기로 했다. 그러나 아내의 억척 근성은 거기서 끝나지 않았다.

얼마 전부터 아내는 아침마다 운동을 한답시고 나갔다가, 내가 출근을 하기 전에 돌아오곤 했다. 나는 아내를 의심하기 시작했다.

'이 사람이 왜 이러나? 왜 평소에 안 하던 짓을 할까?'

별별 생각이 다 들었지만 곧 잊었다. 하지만 며칠 전에 우연히 그 이유를 알게 되었다.

밤새 땀을 뻘뻘 흘리면서 몸살을 앓는 아내를 위해 약국에 들렀는데, 같은 아파트에 사는 아주머니를 만났다.

"영희 씨 신랑! 영희 씨 보약 좀 먹여야겠어요."

"무슨 말씀이세요?"

"이런! 남편이란 사람이 그렇게도 몰라요?"

알고 보니 새벽에 운동하러 간다던 아내의 말은 거짓이었다. 새벽 시장에 나가 음식 배달을 하고 있었던 것이었다. 아이들 교육비를 마련하기 위해서였을까?

그러고 보니 요즘 들어 "자꾸만 머리가 아프다"면서 정수리를 만지곤 했다. 그렇다. 새벽 식사를 나르기 위해 음식으로 가득한 두 개, 세 개의 쟁반을 이고 날랐으니 머리가 아플 수밖에…….

나는 창피하기도 했지만, 한편으로는 울고 싶었다. 지독한 아내!

아내의 그런 모습을 보면서 나는 스스로 많이 달라졌다. 초상집에 간다고 거짓말을 해놓고는 밤새도록 술 마시고, 화투짝 늘고 달과 새를 잡던 버릇도 이런 아내 덕분에 고쳤다. 물론 술도 담배도 끊었다.

지독한 아내가 용돈을 주지 않으니 어쩔 수 있겠는가.

그러던 어느 날, 이른 새벽에 받은 전화 한 통으로 나는 눈물을 펑펑 쏟고야 말았다. 시골에 계신 어머니셨다.

"애야, 보약 잘 먹으마!"

"네?"

"네가 보약 지어서 보냈잖어. 사람들이 죄다 효자 났다고 부러워하더라."

"아……네……."

나도 모르는 사이, 아내가 보약을 지어서 시골로 보내드린 것이었다. 나는 전화를 끊고 나서 한참 동안 눈물을 닦았다.

아내는 억척스럽기만 한 것이 아니었다. 어쩌면 아내는 전혀 변하지 않았는지도 모른다. 여전히 그렇게 고운 심성을 가지고 있으니.

오늘은 퇴근하는 길에 아내가 좋아하는 순대와 그동안 멀리했던 소주를 사 들고 가서, 아내와 함께 한잔할까 한다.

지독한 아내! 그러나 알고 보면 천사인 내 아내. 당신을 사랑해.

아내는 호랑이 선생님

부부 싸움이 빈번하게 일어나는 상황 가운데 하나가 '남편이 아내에게 운전 가르칠 때'라고 한다. 그런 모습은 주변에서 쉽게 발견할 수 있다. 아내에게 운전을 가르치던 남편이 짜증을 부리다가 자기들끼리 대판 싸움이 붙는 건 흔한 일이다. 싸우다가 도로에 차를 버리고 제각각 가버리는 부부를 본 적도 있다.

그런데 우리 부부는 그 양상이 일반적인 경우와 180도 다르다. 그 역할이 바뀌어 내가 아내에게 운전 교습을 받았던 것이다.

아내는 대형 트럭 기사 출신의 장인에게 영향을 받아서인지 결혼 전에 1종 대형면허는 물론 특수면허까지 가지고 있었다. 장인어른의 말씀대로 '탱크 빼고는 다 몰 수 있는' 무서운 여자였던 것이다. 운전도 카레이서 뺨치게 잘했다. 대학 다닐 때는 아르바이트로 택시를 몰기도 했고, 장인어른이 편찮으실 때는 직접 화물차를 몰고 전국을 누비기도 했단다.

　하지만 이런 아내를 만난 나는, 모질게도 운전과는 전혀 인연이 없는 사람이었다. 운전면허 시험을 여섯 번이나 쳤지만, 모두 낙방하고 말았던 것이다. 결혼 전의 내 면허 도전기를 풀어놓자면 이렇다(부디 웃지 마시길).

　　첫번째 도전 : 코를 골면서 지하철 종착역까지 가는 바람에 시험장에도 못 가봤다.
　　두 번째 도전 : 필기 시험에서 미끄러져 자동차는 만져보지도 못했다.
　　세 번째 도전 : 필기 시험은 60점으로 턱걸이했지만, 그 여세를 몰아 기세 등등 실기에 도전했다가 결국 가속 페달과 브레이크를 혼동하는 바람에 다른 차에 박치기하는 사고를 내서 수리비를 물었다.
　　네 번째 도전 : 간신히 코스 시험을 통과했지만, 주행 시험에서 낙방.
　　다섯 번째 도전 : 시동을 몇 번씩이나 꺼먹고 낙방.
　　여섯 번째 도전 : 간만에 주행을 완주했는데, 이건 또 뭐란 말인가. 너무 빨리 들어왔다고 불합격 처리.

더 이상 회사에 "운전면허 시험 보러 다녀오겠다"고 양해를 구할 엄두가 나지 않았다. 심지어 회사 안에서는 나에 대한 이런 우스갯소리까지 떠돌았다.

"저 친구, 여섯 번이나 운전면허 시험을 봤는데 고작 코스 시험 하나 통과했다네. 그런 머리로 어떻게 우리 회사에 들어왔지? 낙하산 아냐?"

결국 나는 아예 면허 시험을 포기하고 말았다. 대중교통만 고집하면서 머릿속에서 '면허'라는 글자를 지우고 살았다. 그러다가 아내를 만나 결혼을 하게 되었다.

첫날 밤. 아뿔싸! 아내의 공세가 시작되었다.

"우리, 차 언제 사요?"

"응? 그냥 좀 있다가 사지 뭐."

무면허에 얽힌 나의 사연을 알 리 없던 아내는 돈이 아까워서 차를 사지 않는 줄 알았던 모양이었다.

며칠 후 아내는 "아빠가 새 차를 장만하셨다"면서 장인의 헌 차를 몰고 왔다. 차를 보는 순간, 나는 속으로 '악!' 하고 비명을 질렀다. 굳이 운전할 필요가 없던 연애 시절에 '1종 면허소지자'라고 꽁살을 친 터였다. 퇴근도 하기 전에 회사로 달려와 내 손에 자동차 열쇠를 쥐어준 아내에게 딱히 변명할 게 없었다. 그래서 또 머리를 쥐어짜 변명거리를 만들어냈다.

"어? 나 운전하면 안 되는데. 음주 운전 때문에 면허가 취소됐어."

그러나 얼마 못 가서 거짓말은 들통이 나고 말았다. 집들이에 놀러 온 한 친구가 이렇게 말했던 것이다.

"너, 아직도 면허 시험 보러 갈 때, '지하철 여관' 이용하냐? 지하철 7호선 의자 쿠션이 그렇게 좋다던데. 이번엔 거기서 한번 자봐라."

아내 모르게 그 친구에게 눈짓 발짓을 다했건만 소용이 없었다. 친구들이 돌아간 다음, 아내가 따지기 시작했다.

"왜 거짓말했어요? 여섯 번이나 떨어졌으면 운전 학원이며 시험장에 갖다 바친 돈이 엄청나겠네요. 그 돈만 다 모았어도 차 한 대는 거뜬히 뽑았을 거 아니에요?"

그야말로 융단폭격이었다. 더 이상 뭐라고 변명할 것도 없었다.

아내는 그 다음날, 나를 끌고 면허 시험장으로 갔다. 나는 찍 소리도 못하고 다시 응시표를 손에 들어야 했다.

그 순간부터 고난의 길이 열렸다. 아내의 감시 아래 필기 시험을 준비했다. 아내가 내준 모의 시험이 적중했는지 필기는 2점 차로 통과했다. 코스 시험도 무난하게 합격했다. 하지만 마지막 관문인 주행 시

"화 안 내고 차분하게 가르쳐준다며?"
"사랑하니까 소리도 치고 그러는 거죠."

험이 문제였다. 학원에 등록하려고 했더니 아내가 가로막았다.

"최고의 강사가 여기 있는데, 왜 돈 버리고 시간 버려요? 그동안 거짓말했죠? 딱 걸렸어요."

그날 아내 몰래 학원비로 쓰려던 비상금까지 몽땅 자진 납부해야 했다. 그리고 다음날부터 주행 연습에 들어갔다.

헌데 남편이든 아내이든, 부부 사이에선 운전 교습 방법이 항상 같은 모양이다. 내 예비군복 바지를 입고 나온 아내는 내가 실수하거나 헤맬 때마다 큰 소리로 쏘아붙였다.

"운전대 제대로 잡고! 전방 주시하고!"

그래도 우리끼리 있을 때는 사정이 나았다. 아내의 고함소리에 놀란 다른 운전자들이 창문을 내리고 한마디씩 하는 걸 들을 때면, 쥐구멍에라도 들어가고 싶은 심정이었다.

"어? 자리가 바뀐 거 아니에요?"

"어라, 남자 망신 다 시키고 있네."

어떤 사람들은 혀를 끌끌 차면서 지나가기도 했다. 그럴 때마다 머리끝까지 화가 치밀었다. 그래서 몇 번이나 차를 발길질하면서 아내와 한바탕하고 돌아오기도 했다.

하지만 집에만 돌아오면 신기하게도 아내에게서 "멍청이, 바보, 천치"라고 하는 소리를 들을 수 없었다. 그래서 다음날이면 또 안심하고 아내와 함께 주행 연습을 나갔다. 그때마다 아내는 "화 안 내고 차분하게 가르쳐주겠다"고 약속했지만, 100미터도 못 가서 고함지르기 일쑤였다.

하지만 결국, 인간 승리의 드라마가 탄생했다. 아내의 갖은 학대(?)를 견뎌내면서 독기를 품고 임전무퇴의 정신으로 임한 결과, 마의 벽이었던 주행 시험을 통과하는 데 성공했던 것이다. 첫 도전 이후 5년만의 일이었다.

합격 판정을 받자, 달려오는 아내를 안아 높이 올려주었다.

"운전치 가르치느라 고생 많았어."

"내 덕분인 줄 아니 다행이네요. 사랑하니까 그렇게 소리도 치고 그런 거예요. 알죠?"

아내는 기뻐하는 내게 앙증맞게 윙크를 해주었다. 사랑해서 그랬다는데 달리 무슨 할 말이 있겠는가.

5년 동안 일곱 번 도전한 끝에 간신히 국가고시에 합격했으니, 이젠 평생 안전 운전하면서 잘 살아야지. 이번 명절에는 내가 직접 운선해서 보무도 당당하게 처가로 입성해야겠다.

늦깎이 대학생 남편의 진실과 거짓말

"찌르릉~ 찌르릉~"

새벽 5시. 자명종 소리에 눈은 겨우 떴지만, 몸은 자꾸 이불 속으로 들어간다. 일기예보에서 강추위가 몰려온다더니 콧잔등이 다 시리다.

"5분만 이따가 일어나야지."

이불을 여미는데, 남편은 밤샘을 했는지 찬 우유 하나를 꺼내어 들고 도서관에 간다면서 나간다.

'방학인데. 공부하는 게 얼마나 재미있고 신나면 저럴까? 공부? 시험? 난 억만 금을 준다고 해도 싫은데.'

따뜻한 밥이라도 한술 뜨게 할 것을, 그냥 빈속으로 나가게 한 게 자꾸 마음에 걸린다.

남편 나이 마흔넷. 지난해에 늦깎이 대학생이 되었다. 어제 겨울 방학을 했는데, 대학생이 되어 처음 맞는 거라서 그런지 어린애처럼 좋아했다. 그런 남편을 보면서 '좀더 일찍 공부하라고 할 것을' 하는 후회가 들었다.

전기 기술자로 일하던 남편은 어느 날 갑자기 퇴근하고 와서는, 아닌 밤중에 홍두깨처럼 '내 삶을 되돌아보고 싶다'는 내용의 긴 편지를 남기고 떠났었다.

'잠깐 바람 쐬고 돌아오겠지' 했던 여행은 일주일, 한 달이 지나도 끝나지 않았다. 결국 석 달이 지나서야 남편은 집으로 돌아왔다.

영문도 모르고 무작정 기다리는 것만큼 사람을 지치게 하는 일이 없다. 편지 한 통 없이 지내다 불쑥 얼굴을 내민 남편은, 새로운 힘을 얻어온 게 아니라 세상 고민을 다 걷어 짊어지고 온 것처럼 보였다.

화를 내고 전후 사정을 따지는 것도 어느 정도여야지. 그저 남편이 건강하게 돌아왔다는 사실만으로 위안을 삼고 싶었다.

하지만 나는 도저히 고상하고 우아한 아내 역까지 소화해 낼 수가 없었다. 이럴 때 소설이나 드라마에서처럼 아무 일 없었다는 듯 따뜻하게 위로해 주며 남편에게 편안한 시간을 내어줄 수 있으면 얼마나 좋을까? 방 안에만 있는 남편에게 이틀을 넘기지 못하고 따지기 시작했다.

"앞으로 어떻게 살 거야? 애들은? 은행 빚은? 당신이 살림도 해!"

숨도 안 쉬고 남편을 몰아세웠다. 혼자서 난리를 치는데도 남편은 장승처럼 끄덕도 안 하다가 입을 열었다.

"나도 꿈이 있어. 대학에 갈 거야."

꿈? 대학? 아직까지 꿈을 버리지 않고 용기를 갖고 도전한다는 건 분명 좋은 일이다. 하지만 자꾸만 화가 치밀었다. 어려운 현실에서 자기만 도망치겠다는 속셈 같았다.

"대학? 그 나이에 뭐 하려고? 누구는 꿈이 없어서 이렇게 사는 줄 알아?"

공부에 대한 남편의 한을 누구보다도 잘 알고 있으면서 마음과는 달리 자꾸 가시 돋친 말이 나왔다. 그런 내가 싫으면서도, "당신은 걱정 마. 하고 싶은 거 다 하세요. 설마 산 입에 거미줄 치겠어요?" 같은 용기를 주는 말이 선뜻 나오지 않았다. 게다가 따지고 싸운다고 해서 문제가 해결되거나 마음이 돌아서지 않는다는 걸 뻔히 알면서도, 어려울 때는 더욱더 서로를 감싸주어야 하는 걸 알면서도 남편에게 날카로운 손톱을 먼저 보였다.

묵묵히 내 말을 듣고 있던 남편이, 용돈 쓰기도 빠듯할 텐데 어떻게 모았는지 만기가 된 적금통장을 내놓았다. 그러면서 "미안하다"고 했다. 결혼 이후 나는 처음으로 엉엉 울었다.

남편은 새벽 5시에 나가면 다음날 새벽 1시나 되어야 돌아왔다. 입시학원에 다니면서 공부에 미친 사람처럼 열심이었다.

남편은 꿈을 찾겠다면서 안정되어 있던 현실을 완전히 바꿔버렸고, 나와 아이들 역시 많은 변화를 겪어야 했다. 남편은 잠잘 시간도 없이 공부에 매달리면서도 틈틈이 아르바이트를 해서 생활비를 건네주었지만, 그걸로는 공과금 내기도 빠듯했다.

그런 남편을 대신해 나는 생활 전선으로 나서야 했다. 하지만 어느 것 하나 내세울 것 없는 아줌마에게 선뜻 일자리를 내주는 곳은 단 한 군데도 없었다. 지역 신문을 한 아름 안고 와서 온종일 구인광고란을 샅샅이 뒤져도 여의치 않았다.

예전에 남편이 힘들어 할 때면 "누구나 다 하는 일, 뭐가 힘드냐"고 면박을 줬는데, 그 자리를 지켜내기가 얼마나 힘들고 어려운지를 신세가 역전된 다음에야 깨달았다.

여러 군데 이력서를 냈으나 '와서 일하라'는 소식은 없었다.

다행히 봉제공장을 다니는 앞집 아주머니가 "그 공장에 자리가 났다"는 말씀을 전해주셨다. 복권이 당첨된 것보다 더 기뻤다.

일찍 엄마와 헤어진 아픔 때문인지, 네 아이들만은 초등학교 들어갈 때까지 품안에서 키워야겠다고 다짐했었다. 그런데 그 다짐을 포기해야 할 지경에 몰리니 눈앞이 아득하기만 했다.

이제 이른 아침부터 어린이집 차를 타지 않겠다면서 떼쓰는 아이를 어르고 협박하는 일로 하루가 시작되었다. 선생님 품안에서 몸부림치며 창문을 두들겨대는 아이를 뒤로한 채 일터로 갈 때면, 이겨내야 할 현실인 줄 알면서도 원망의 화살이 남편에게 꽂혔다.

아이가 아플 때는 더했다. 열꽃이 벌겋게 핀 아이를, 약 봉투에 몇 자 적어 어린이집에 보낸 걸로 위안 삼고 재봉틀 앞에 앉아 있는 날이면, 온종일 아이 울음소리가 귓가에서 맴돌았다. 그럴 때마다 남편의 꿈이 허망하게만 느껴졌고, 어렵고 힘든 걸 남편이 모른 척하는 게 서럽고 서운했다.

한번은 야간 작업을 해야 했다. 애들을 어린이집에서 데려와 아랫집에 맡겨놓았다가 밤늦게서야 찾아서 집으로 돌아왔다. 지쳐서 꾸벅꾸벅 조는 아이들을 업고 걸러서 집에 들어와 뉘였다. 그 시간까지 남편은 전화 한 통 없었다.

'세상에 나 혼자'라는 생각이 들었다. 그냥 털썩 주저앉고 싶었다. 차라리 그 자리에 남편이 없었던 게 다행이었다. 옆에 있었다면 아마도 무식한 내 모습을 보였을 것이다.

새벽녘이 다 되어서야 전화가 왔다. 전화를 받고는, 남편인 줄 알고 아무 말도 하지 않았다. 하지만 남편이 아니었다.

"이삿짐 센터인데요. 아저씨한테 새벽 일 있으니까 늦지 말라고 전해주세요."

기가 막혔다. 공부에 바쁜 남편이 미웠고, 그럴 때마다 "무슨 고시 공부 하냐"면서 바가지를 긁었는데……. 남편에게도 우리를 생각하는 따뜻한 마음이 있었던 것을……왜 눈치채지 못했을까.

남편이 가끔 "장학금을 탔다"면서 돈을 준 적이 있었다. 그 돈이 어떤 돈인지 왜 몰랐을까. 공부하는 남편을 죄인처럼 구박했던 일을 생각하니 부끄럽고 마음 아팠다.

이제는 남편이 돈을 줄 때마다 남편의 비밀을 지켜주고 싶은 마음에 맞장구를 친다.

"당신은 정말 천재야. 젊은애들하고 경쟁하면서 장학금까지 타고 말야."

오늘처럼 추운 날은, "도서관에 간다"는 남편의 말이 진짜였으면 좋겠다. 사다리 차를 오르내리면서 이삿짐을 나르는 남편이 자꾸 생각나 가슴이 아프다. 남편이 공부만 할 수 있도록 능력 있는 아내가 되어야 할 텐데.

'만삭' 남편의 살 빼기 대작전

따르릉~.

"여보세요?"

"어, 난데. 뭐 필요한 거 없나? 필요한 거 있으면 말해봐. 지금 퇴근하는 길인데 가는 길에 사 가지고 갈게."

남편이다. 일주일에 서너 번은 꼭 퇴근길에 전화를 해서 필요한 게 없냐고 물어본다. 너무나 자상한 사람이다. 다섯 살짜리 딸아이가 "엄마, 쉬 마려워" 하면 황급히 화장실로 데리고 들어갈 정도로. 그런 그와 희로애락을 같이한 지도 벌써 8년이 되어간다.

처음 남편을 만났을 때, 사람을 끌어당기는 친근한 눈빛과 선량한 마음에 반해 '이 사람이다' 싶었다. 그래서 결혼까지 일사천리였다.

"첫눈에 반하면 실망이 크다"고들 한다. 하지만 남편은 나의 기대를 무너뜨린 적이 없었다. 자상한 아빠에 다정한 남편으로 8년 동안을 살아왔다.

 헌데, 완벽한 사람이란 역시 없는 모양이다. 원수 같은 삼겹살이 하필이면 남편의 배로 몰려드는 바람에 뚱보 아저씨가 되어버린 것이었다. 그렇지만 매일 마주 보며 살아온 우리 부부는 그걸 전혀 느낄 수 없었다.

 두 달 전 어느 저녁의 일이었다. 식사를 마치고 네 식구가 둘러앉아 TV를 보고 있는데, 딸아이가 갑자기 생각난 듯 물었다.

 "엄마, 있잖아. 아빠 뱃속에는 아기가 들어 있지. 그렇지?"

 천진난만한 눈을 이리저리 굴려가면서 진지하게 물어보는 딸의 말에 모두들 박장대소하고야 말았다.

 우리가 한참 황당해하자, 일곱 살짜리 아들이 대신 대답을 했다.

 "바보야. 아기는 여자만 낳을 수 있는 거야. 남자는 아기를 낳는 게 아니라고. 그것도 모르냐?"

 딸아이가 지지 않고 맞받았다.

 "그럼 아빠 배는 왜 이렇게 커. 꼭 풍선 같잖아."

 남편은 그제서야 눈을 껌벅거리면서 끼어들었다.

 "내 배가 애 가진 것처럼 그렇게 나왔나?"

당신이 있어 행복합니다

심각한 표정을 하고는 물었고, 그 말을 들은 나는 웃으면서 대꾸했다.

"그걸 말이라고 해요? 7, 8개월도 아니고 만삭이네요, 만삭. 해산 예정일은 언제랍니까?"

남편은 일어서서 전신 거울에 자기 몸을 비춰보면서 배를 만지작거렸다.

"내가 보기에는 그렇게 많이 안 나왔는데……."

그 말에 내가 쐐기를 박았다.

"자기는 뱃살만 빠지면 완벽한 몸매인데, 아깝다 아까워."

하긴 남편이 뚱보라는 소리를 들은 건, 그때가 처음은 아니었다. 시어머니도 남편을 볼 때마다 "살 좀 빼라"고 말씀하셨던 것이다.

시어머니는 신혼 때만 해도 나날이 살찌는 남편을 보면서 "애야, 네가 잘 먹이나 보구나. 참 보기 좋다"면서 흐뭇해하셨다. 하지만 요즘은 "살쪄봐야 좋을 거 하나 없다"면서 남편을 볼 때마다 핀잔을 주곤 하신다. 그럴 때마다 남편은 "난 물만 먹어도 살찌는 걸 어떻게 해"하면서 괜한 핑계를 둘러대기 일쑤였다. 그러던 남편이 다섯 살짜리 딸애의 기습 한 방에 넉 다운된 것이었다.

남편은 그날로 '뱃살과의 전쟁'을 엄숙하게 선포했다. 남편은 심하게 충격을 받은 것 같았다.

다음날 남편은 새벽 5시에 일어나더니 산에 다녀왔다. 그러고는 반찬을 가려 먹기 시작했는데, 고기보다 생선과 채소를 주로 먹었다. 나는 속으로 코웃음 쳤다.

'저러다 말겠지 뭐. 작심삼일이라는데. 게다가 살 빼기가 그렇게 쉬운 줄 알아?'

하지만 남편의 이번 결심은 진짜였다. 매일같이 산에 다니면서 운동을 하고, 술자리 약속도 피하는 것 같았다. 바늘 가는데 실 안 가랴. 그래서 나도 큰맘 먹고 남편의 결심에 동참했다.

하얀 쌀밥은 현미로 교체했고, 계란 프라이는 반숙으로 먹으며, 기름기 있는 음식은 무조건 피하면서 제철 야채로 식단을 짰다. TV를 보면서 먹던 과자 나부랭이를 치웠고, 배가 고플 때면 당근이나 토마토 같은 야채를 먹도록 했다. 저녁 먹고 나서는 아이들과 함께 2시간씩 배드민턴을 쳤고, 휴일이면 가족끼리 근처 산에 올랐다.

남편의 다이어트가 지속된 데는 나만의 비결도 한몫을 했다. 남자들은 조금 단순한 면이 있지 않은가. 옆에서 무조건 칭찬해 주고, 살살 구슬리면 말을 아주 잘 듣는다. 다그치고 싶을 때마다 꾹 눌러 참고 칭찬을 해보라. 효과가 200배는 더 좋다.

나는 남편의 몸무게가 줄어든 걸 확인할 때마다 "멋있다. 영화배우 해도 되겠네. 당신 다시 봤어" 하면서 최고급 아부를 아끼지 않고 선사했다. 남자들은 정말 칭찬에 약했다.

남편은 어디서 구해왔는지, 모 남자 연예인의 사진을 턱 하니 벽에 붙여놓았다. 날렵한 몸매가 드러난 사진이었다. 그러더니 고기가 먹고 싶을 때마다 그 사진을 한 번 보고는 물을 한 잔씩 마시는 것이었다.

고기를 그렇게도 좋아하던 남편이 그렇게 욕구를 억누르는 걸 볼 때마다 조금은 안쓰럽기도 했다. 하지만 본인의 건강을 위해, 아니 우리 가족을 위해 열심히 노력하던 남편은 어느새 아이들에게 '존경하는 아빠'로 거듭나고 있었다.

그렇게 두 달이 지났다. 결과는 물론, 대성공이었다.

177센티미터의 키에 90킬로그램의 거구였던 남편은 84킬로그램으로 몸무게를 줄였다. 나도 덩달아 살이 빠졌다. 키 160센티미터에 50킬로그램이었는데 48킬로그램으로 줄어들었다. 대단하지 않은가! 남편을 따라한 지 2주 만에 이 정도의 성과를 내다니.

'에게~, 겨우 그거야?' 하고 생각하신다면, 살 한번 빼보라. 1킬로그램 빼기가 얼마나 힘든지 아는가?

무엇보다도 우리를 기쁘게 한 것은, 무작정 굶으면서 살을 뺀 것이

결국 남편은 내 최고급 아부와 초인적 정신력으로
'살 빼기 작전'에 성공했다!

아니라 철저히 음식을 조절하면서 운동으로 다이어트를 하는 데 성공했다는 점이었다. 그래서 그 승리는 더욱더 값졌다.

남편은 요즘 "살 좀 빼고 나니까 몸이 가벼워져서 기분이 정말 좋다"고 말한다. 바깥일에도 자신감이 붙는 모양이다. 그러나 남편에게는 아직도 가혹한 시련이 많이 남아 있다. 목표치인 77킬로그램을 달성하기 위해서는 아직도 7킬로그램을 더 빼야 하는 것이다. 하지만 나는 남편이 포기하지 않고 끝까지 열심히 하리라 믿는다.

남편은 오늘 아침 출근할 때에도 꽉 끼던 양복바지가 헐거워진 걸 보면서 흐뭇하게 미소지었다. 오늘은 모처럼 쇼핑을 해볼까 한다. 남편에게 입힐 새 바지를 사러 말이다.

부부 싸움을 잘하는 열 가지 비결

요즘 이혼율이 급증하고 있다고 한다. 부부 싸움은 칼로 물 베기라는데, 이혼하는 사람들이 늘어나는 걸 보면 세상이 정말 삭막해졌다는 생각이 든다.

그러니 부부 싸움에도 나름의 원칙을 정해서 적용해 보면 어떨까. 부부 싸움을 피할 수 없다면, 이렇게 해보자. 부디 이 글을 복사해 놓고, 화가 날 때마다 끝까지 읽어보기 바란다. 의외의 결과를 얻을 수 있을 것이다.

하나, 24시간 이내에 생겼던 문제만을 가지고 싸워라

하나의 주제에만 집중하라. 그리고 공소시효와 일사부재리의 원칙을 지켜라. 몇 달, 몇 년 전의 흘러간 옛 노래는 3류 극장 또는 「가요 무대」에서나 하는 것이다.

감정이 격해져 "당신네 집안은 어떻고……" 등의 말을 하면 반칙이다. 또 배우자의 마음에 상처를 줄 수 있는 이야기를 꺼내서도 안 된다. 과거는 제쳐두고 지금 당장의 문제만을 이야기하라.

둘, 자녀들 앞에서는 싸우지 마라

부모의 싸움은 자녀들에게 깊은 상처를 남긴다. 눈치 보는 아이를 만들고 싶지 않거든, 제발 아이들 앞에서는 싸움을 피하라.

셋, 1미터 이내에서 싸우고 장외 경기는 금물이다

서로를 피하지 마라. 싸움은 반드시 링 안에서만 하라. 무대를 친정까지 확장시키지 마라. 기분 나쁘다고 문을 '쾅' 닫고 집을 뛰쳐나가는 경우가 많은데, 집 밖으로 뛰어나가 장외 경기를 벌이는 걸 피하라. 꼭 나가고 싶거든 배우자에게 양해를 구하라. 침묵한 채 TV 보는 것으로 묵비권을 행사하는 비겁한 짓 역시 삼가라.

넷, 폭력을 휘두르지 마라

폭력은 폭력을 낳는다. 한번 폭력을 행사하기 시작하면 버릇이 된다. 배우자가 골병들면 늙어서 후회하게 마련이며, 약값 들어 손해다. 폭력은 도저히 게임이 되지 않을 때, 전세를 뒤집으려는 비열한 짓이다.

부부의 오늘을 암울하게 만들고 미래를 망쳐놓는 폭력은, 죽을 때까지 잊혀지지 않는다는 사실을 명심하라. 또한 살림살이를 던지는 우매한 짓은 하지 않는 게 좋다. 곧바로 후회하니까.

다섯, 인격 모독을 피하고 남과 비교하지도 마라

당신이 내뱉은 "당신은 능력 없는 사람이야"라는 말 한마디는 엄청난 비극을 초래한다. "옆집 누구 아빠는 어떻고……" 하고 시작하는 비교 역시, "아예 그 사람하고 살지 그래"라는 무서운 반격을 낳을 뿐이다.

여섯, 승부에 연연하지 말고 속전속결하라

부부 싸움에서 이겼다고 금메달을 받는 것도 아니다. 부부 싸움은 이기는 자도 지는 자도 없는, 한마디로 '물 베기'인 것이다. 배우자의 감정을 존중하고 1회전이 끝나면 자기 자신의 잘못을 인정하라.

분명한 것은, 상대방을 변화시키기는 거의 불가능하다는 점이다. 다만 동기를 부여하고 격려해 줄 수 있을 따름이다. 오히려 스스로 기꺼이 달라지려고 노력하라.

일곱, 싸운 뒤에 분을 품지 말고 빨리 화해하라

해가 진 이후까지 분을 품지 마라. 아내는 안방, 남편은 거실. 이렇듯 따로따로는 결코 안 된다. 무슨 일이 있어도 잠자리에 들기 전까지 화해해야 한다.

여덟, 미봉책으로 대충 끝내지 마라

임시 휴전은 부부 싸움의 무기한 연장이나 다름없다. 분노를 해결하지 않은 채 남겨두지 마라. '두고 보자'는 식의 말은 비겁한 발뺌일 뿐이다. 싸움을 끝내기 전에 반드시 서로의 감정을 해결하라.

아홉, 제3자를 개입시키지 마라

부부 싸움은 어디까지나 남편과 아내, 둘만의 싸움이다. 이 싸움에 자녀나 이웃, 제3의 가족을 끌어들이지 마라. '당신 엄마가 그러는데……', '애들도 그렇다고 하더라?', '옆집 순이 엄마도 당신보고 어떻다고 하더라?'는 등의 말로 동맹관계를 드러내면 자칫 집안 싸움, 동네 싸움으로까지 번질 수도 있다.

열, 고함지르지 말고 욕설도 하지 마라

목소리 큰 사람이 이긴다고 생각하면 큰 오산이다. 부부 싸움의 목적이 어차피 서로 의사소통을 하는 데 있다면, 낮은 소리로 조목조목 따질 수도 있는 것이다. 게다가 오히려 낮은 소리가 효과적일 때도 있다. 괜히 소리를 질러 온 동네에 부부 싸움한다는 소문을 낼 필요는 없다.

또한 욕설은 금물이다. 욕설의 사용은 결국 자기 얼굴에 침 뱉는 거나 다름없다. 극단적인 용어 사용도 피하는 게 좋다.

당신의 검은 얼굴

"자네, 석공에서 뭐 하나?"
"자재과에 있습니다."
"자재과?"
"예."

남편이 결혼을 앞두고 처음 인사 온 날, 큰오빠와 나눈 대화이다. '석공'이라는 회사와 '자재과'라는 말에 더 이상의 질문 없이 직업에 대한 이야기를 끝냈다.

우리 식구들은 경상남도 남해에서 머나먼 강원도 영월로 시집가려는 막내딸을 영 못마땅해했지만, 남편을 직접 보고는 더 이상 반대하지 않았다. 선한 인상과 수려한 얼굴이 한몫을 했던 것이다. 그리고 이미 10년 동안이나 편지를 주고받으면서 쌓아온 애정이 있었던 우리는, 2년간 식구들 몰래 만나왔다.

결혼할 때만 해도 나는 '석공'이라는 곳이 막연히 돌을 이용해 뭔가를 만드는 회사인 줄만 알았다. '대한석탄공사'의 준말이라는 건 결혼을 하고서야 알았다.

그래도 불안한 마음은 전혀 없었다. 남편은 탄 캐는 광부가 아니라 자재과에 근무하는 사무직이니, 사고를 당할 위험은 없을 것이라고 생각했던 것이다.

어느 날 남편에게 물었다.

"자기야! 자재과에서 무슨 일 해?"

그러자 남편 왈.

"무슨 일은 무슨 일. 그냥 자재에 관한 일을 하지."

"그럼 탄 캐는 데는 안 들어가?"

"어? 응. 그렇지."

대답이 왠지 시원스럽지는 않았지만 별다른 생각이 들지는 않았다. 그러면서도 탄광이라는 곳이 위험하다는 사실에 조금 꺼림칙하기는 했다.

그러던 어느 날, 큰아이를 임신하고 4개월쯤 되었을 때였다. 입덧이 너무 심해서 밥을 할 수가 없었다. 그래서 퇴근하는 남편을 만나 모처럼 외식이나 해볼까 하는 마음에, 114 안내를 통해 석공 자재과 전화번호를 알아낸 뒤 전화를 걸었다.

"자재과입니다."

여직원의 상냥한 말소리가 들려왔다.

"안녕하세요. 원용진 씨 좀 부탁합니다."

"예? 누구요?"

"원용진 씨요."

"원용진 씨가 누구죠? 여기 그런 사람 없는데요."

"거기 함백광업소 자재과 아니에요?"

"맞는데요. 여기 그런 사람 없습니다."

"이상하다. 자재과에서 근무한다고 했는데……."

수화기를 내려놓는데, 어쩐지 불길한 기분이 들었다. 그러고 보니 이상한 일이 여러 번 있었다. 언젠가 남편이 퇴근하고 돌아와 옷을 갈아입는데, 등에 뭔가가 묻어 있었다.

"등에 이게 뭐야?"

"응? 뭐가?"

"자기 등이 시커먼 게 이상해."

"아! 응. 오늘 바람 부는데, 밖에서 자재 정리했거든."

그러면서 남편은 얼른 돌아섰다.

또 하나 이상했던 점. 회사에서 돌아온 남편의 얼굴은 항상 목욕을 한 것처럼 보송보송했다.

"자기는 회사 마치고 목욕하고 오나봐."

"왜?"

"출근할 때보다 퇴근할 때가 더 산뜻해 보여."

"응. 광부들이 매일 목욕을 하거든. 거기 끼어서 나도 같이 해."

회사라고는 다녀보지 못한 나는, 그런 줄만 알고 믿었다.

뭔가 짚이는 것이 있었다. 그래서 퇴근 시간에 맞춰 남편 회사로 갔다.

함백광업소는 함백역 근방에 있어서 그 시간이 되면 퇴근하는 광부들을 많이 볼 수 있는데, 그 안에 들어가 보는 건 처음이었다.

그곳에 들어가 광부들을 보는데, 갑자기 모골이 송연해졌다. 광구에서 나와 광차에서 내린 그들의 모습은 정말 눈뜨고 볼 수 없었다. 한마디로 처절했다. 옷은 온통 땀과 석탄으로 범벅이 된 채였고, 얼굴은 시커매져 흰 눈동자와 하얀 치아만 보였다. 온몸에 먹물을 뒤집어쓴 듯했다.

그들은 곧 덜그럭거리는 빈 도시락을 흔들면서 목욕탕으로 뛰어갔다. 누가 누군지 분간하기 어려운 얼굴들이 왁자지껄하게 몰려갔다. 그 순간, 그 광부들 속에서 귀에 익은 목소리가 들렸다. 분명 남편이었다.

땀과 탄가루로 범벅이 되어 눈만 보이던 당신.
그런 당신을 생각하면,
세상 어떤 일도 두렵지 않습니다.

'이럴 수가!'

혹시나 혹시나 했는데……. 남편은 그곳에서 탄을 캐는 광부임에 틀림없었다. 잘생긴 내 신랑의 얼굴은 어디로 가고, 땀에 범벅이 되어 탄가루를 뒤집어쓴 얼굴만이 남아 있었다.

믿어지지가 않았다. 정말 상상도 할 수 없는 일이었다.

발이 땅속으로 들어가는 느낌이었다. 한참 동안 그렇게 서 있다가, 발걸음을 돌려 집으로 돌아왔다. 그렇게 놀란 가운데서도 남편에게 발견될까봐 두려웠다.

땀과 탄가루로 범벅이 된 그 얼굴을 내가 보았다면, 남편이 얼마나 자존심 상해할까 싶었다. 그저 모른 체해야겠다는 생각뿐이었다.

내가 유명 브랜드 옷을 원하면, 남편은 대도시까지 나를 데리고 갔었다. 휴일에는 레스토랑에 들러 칼질을 하기도 했다. 비싼 구두나 핸드백을 척척 사주기도 했다.

집으로 돌아오는데, 눈물이 찔끔 났다. 저렇게 힘들게 땀 흘려 번 돈을 내 생각만 하면서 함부로 낭비했다니! 내 자신이 그렇게 한심하고 부끄러울 수 없었다.

무엇보다 괴로운 것은, 자기 일이 들킬까봐 쉬쉬하며 지내온 그의 마음을 오늘에야 알았다는 것이었다. 얼마나 가슴이 아팠을까. 정말로 하늘이 무너지는 것 같았다.

'나한테 들키지 않으려고, 매일매일 저 검은 얼굴을 얼마나 많은 비 눈물로 씻어 내렸을까?'

집에 돌아온 남편에게 나는 아무런 말도 하지 못했다. 그 후로도 철저하게 모른 체하면서 남편을 대했다.

행여 남편이 다치지는 않을까 불안해하기도 했지만, 세월은 그렇게 흘러갔다. 그리고 '대한석탄공사 함백광업소'는 만성 적자로 문을 닫았다. 남편은 회사를 그만두게 되었다. 차라리 다행이다 싶었다. 그렇게 노심초사 걱정하면서 지낼 바에는 차라리 잘된 게 아니었을까.

이제 결혼 13년째. 그날의 충격 이후 나는 모진 결심을 했다. 그래서 10원 한 푼도 함부로 쓰지 않고 알뜰하게 모았다. 그렇게 모은 돈에 남편의 퇴직금을 보태 장사를 시작했다.

지금 우리는 남부럽지 않을 정도로 안정된 생활을 하고 있다. 물론 세상살이가 순탄하지만은 않았다. 장사를 하면서 울고 싶을 정도로 힘들고 괴로운 일도 많았다. 그러나 감히 남편이 겪은 일에 비할 수 있을까. 날마다 목숨을 담보로 내놓고 갱 속에 들어가서 일했던 남편의 그 모습, 그 시커먼 얼굴을 생각하면서 나는 모든 어려움을 이겨낼 수 있었다.

남편은 지금까지도 내가 자신의 비밀을 모를 것이라고 믿고 있다. 나는 죽을 때까지 우리의 비밀(남편의 비밀, 그것을 알아차린 나의 비밀)을 묻어두고 싶었지만, 이제는 공개해도 될 것 같다. 남편에게 내 마음을 전하기 위해.

남편에게 이 말을 꼭 하고 싶다.

"그날 나는 봤어요. 땀과 탄가루로 범벅이 되어 눈만 보이던 당신의 모습. 그 모습이 철부지였던 저를 완전히 바꿔놓았어요. 그 모습을 생각하면 저는 세상 어떤 일도 두려울 게 없습니다. 그 얼굴은 내 삶의 모퉁이마다 되살아나서 훌륭한 교훈, 소중한 지침서가 되었습니다. 당신의 그 얼굴은 내 가슴 깊은 곳에 흑진주보다 가치 있는 보석으로 영원히 남아 있을 것입니다."

'부침개'와 '졸랑방구'

우리 부부는 3년 전부터 거동이 불편하신 친정아버지를 모시고 산다.

아버지가 오시던 날 저녁, 남편은 자반고등어 살점을 잘 발라 아버지 밥그릇 위에 올려드렸다.

"아버님, 많이 드십시오."

그 모습이 딸인 나보다 더 살가워 보였다.

사실 나는 남편에게 별다른 기대를 하지 않았다. 속으로 '며칠 저러다 말겠지. 얼마나 가겠어' 하고 생각했던 것이다. 하지만 남편의 모습은 지금까지 그대로이다.

남편은 휴일이면 내 아버지를 모시고 공원에 간다. "하루 종일 집에만 계시면 좋지 않다"면서 노인정에 모셔다 드리기도 한다.

어느 날 남편이 아버지와 목욕탕에 다녀와서는 실실 웃으면서 내게 물었다.

"당신 아버님 별명이 뭔 줄 알아?"

"별명? 아버지는 별명 같은 거 없는데."

"부침개야 부침개. 아버님 맞지요?"

"그런데 왜 아버지 별명이 부침개야?"

"당신 못 봤지? 아버님 엉덩이에 둥그런 부침개가 두 개나 있어."

그러면서 남편은 쥐고 있던 숟가락으로 둥그렇게 원까지 그렸다. 그때 가만히 듣고 있던 아버지가 반격을 했다.

"그려. 난 부침개고 자넨 촐랑방구여. 그새를 못 참고 고자질이여, 고자질."

그러면서 아버지는 '허허허' 웃으셨다.

생각해 보니까, 무슨 소리인지 알 것 같았다. 아버지는 6·25 때 피난을 가시다가 총상을 입은 적이 있었다. 총알이 귀 옆을 스쳐 살점이 날아갔는데, 엉덩이 살을 떼어다가 수술을 했던 것이다. 그러다 보니 엉덩이에는 살을 뗀 자국이 큼직하게 남아 있었다.

그 뒤부터 남편은 아버지가 좀 심심해하신다 싶으면 부침개 타령이었다.

"부침개 아버님, 팔씨름 한번 하실까요?"

사위의 농담이 싫지 않은 아버지도 응수를 하신다.

"내가 이기면 자네 뭘 줄 건가?"

"부침개 한 장 부쳐드리지요 뭐. 김치 부침개로 할까요, 감자 부침개로 할까요?"

"촐랑방구! 자네 맘대로 혀."

부자지간처럼 정이 묻어나는 대화를 나누는 두 사람을 바라보고 있으면 내 마음은 뭐랄까, '이게 행복이 아닐까' 하는 기분이다. 그러면서 아버지 마음을 늘 편하게 해드리려고 애쓰는 남편에게 정말 고마운 생각이 든다.

사실 남편은, 여자들이 꿈꾸는 듬직하고 남자다운 그런 타입은 아니었다. 오히려 모성 본능을 자극할 만큼 여린 사람이었다. 처음에는 그게 불만스럽기도 했다. 하지만 요즘은 무뚝뚝하고 무게 잡는 성격보다 가끔 촐랑거리면서 우리를 웃게 하는 남편 같은 성격이 훨씬 낫다는 생각이 든다.

그런데 충격적인 일이 일어났다. 얼마 전부터 아버지가 이상한 행동을 하시기 시작한 것이었다. 담배를 손녀 필통에 넣어두는가 하면 비스킷을 한꺼번에 여러 개씩 겹쳐서 드셨다. 밥을 국그릇에 마는 대신, 국을 좁은 밥그릇에 붓는 바람에 넘치기도 했다. 밥이 넘치자 상 위에 떨어진 밥알을 한 알씩 주워 드시기까지 했다.

"자기야! 아버지가 이상해. 저러다가 치매 걸리시면 어쩌지?"

"사실은 말이야. 당신이 걱정할까봐 말 안 했는데, 정말 이상해."

"뭐가? 또다른 행동도 하셔?"

"저번에 아버님이랑 목욕탕에 갔는데, 아버님이 갑자기 탕 속에서 개헤엄을 치시는 거야. 정말 창피해서 죽는 줄 알았다니까."

다행히도 수영장 사건은 남편의 기지로 잘 마무리되었다고 한다. 남편이 일부러 "아버님, 우리 점심 내기 개헤엄 한번 할까요?" 했더니 아버지가 이렇게 대답했던 것이다.

"이 사람아! 여기가 무슨 수영장이야?"

그렇게 일갈을 하고는 개헤엄을 멈추셨단다.

아버지도 우리가 걱정하는 걸 아셨던 모양이었다. 남편 생일 날 저녁이었다. 아버지가 우리를 방으로 불러 앉히셨다. 그러더니 낡아서 너덜거리는 뭔가를 남편에게 내미셨다. 통장이었다.

"이게 내 전 재산이여. 자네가 맡아주게. 내가 요즘 자꾸만 헛것이 보이고 정신도 오락가락하는 거 같어. 그쟈? 이상한 짓 하면 내다버려. 괜스레 애쓰지 말고 양로원에나 보내줘!"

"아버님, 그런 말씀 마세요."

남편이 가로막았지만 아버지는 손사래를 치셨다.

"내가 사위 복 하나는 타고난 거 같구먼. 맴 같아서야 더 주고 싶지만 이게 다네. 처음이자 마지막으로 챙기는 자네 생일 선물이여."

얼핏보니까 통장에 든 돈이 상당한 것 같았다. 그러나 남편이 정색을 하고 말했다. 매우 진지한 표정이었다. 아버지를 '부침개'라고 놀렸던 남편에게 그런 면이 있다는 걸 처음 알았다.

"아버님, 그럴 수는 없죠. 제가 이걸 받으면요, 지금부터는 이 돈 때문에 잘해드리는 게 됩니다. 그러면 저는 더 이상 아버님하고 살 수 없습니다. 아버님 마음 제가 알고, 제 마음 아버님이 알아주시면 그걸로 됐습니다. 아버님을 위해서 쓰세요. 저도 쓸 만큼은 버니까 걱정 마시고, 건강하게 사시면서 제가 오래도록 아버님이라고 부를 수 있게만 해주시면, 저는 그걸로 됐습니다."

그리고 남편은 "유복자로 태어나서 아버지란 말을 해본 적이 없는데, 그렇게 해주신 것만으로도 만족한다"고 말했다.

한참을 생각하시던 아버지가 말씀하셨다.

"알았네. 고마우이."

너덜거리는 통장을 다시 주머니에 넣으시는 아버지의 눈에 이슬이 맺혀 있었다. 남편 눈에서도 눈물이 흐르고 있었다.

남편은 촐랑이가 아니었다. 불편하신 아버님을 기쁘게 해드리기 위해 그런 역할을 하고 있을 뿐이었다. 그 모습을 보는 지켜보던 나도, 더 이상 참지 못하고 같이 울어버리고 말았다.

5부

다시 만날 수만 있다면

현실도 마음도 가난했던 나에게
너무나 많은 것을 준 사람들.
고맙다는 말 한마디 전하지 못한 나.
다시 만날 수만 있다면…….

25년 전 그날 나의 선생님은……

큰아이가 중학교에 들어갔다.

학교에서 학부모 총회가 있다는 안내문이 왔다. 선생님도 만나 뵙고 여러 가지 이야기도 들을 겸 학교에 가기로 했다.

그런데 막상 학교에 가려니 여간 신경 쓰이는 게 아니었다. 그래서 큰맘 먹고 옷과 새 구두를 장만해 모처럼 멋을 부리고 학교로 향했다.

'다른 엄마들보다 멋지게 보여야지.'

교문을 지나 강당으로 들어갔다. 어머니들이 각자의 담임 선생님을 에워싸고 이야기꽃을 피우고 있었다. 모양새만 척 봐도 누가 선생님인지, 누가 학부형인지 알 수 있었다.

선생님들은 모두 인자해 보였다. 한 분 한 분 선생님들의 얼굴을 찬찬히 돌아보았다. 그러다가 어쩐지 낯익은 얼굴을 발견했다. 눈길을 돌리다가 얼핏 스친 그 얼굴. 그 얼굴을 본 순간 심장이 멎는 것 같았다. 세월의 훈장 같은 주름이 많았지만, 어떻게 감히 지금의 나를 만들어준 그분을 잊을 수 있을까.

25년 전, 나는 그분께 평생 노력해도 갚지 못할 은혜를 입었다. 내가 중학교 2학년 때였다.

나는 언제나 '공납금(수업료) 연체 학생'이었다. 1분기는 자연스럽게 몇 개월 넘기고, 2분기 공납금을 낼 즈음에야 빠듯하게 돈을 챙겨 서무실에 내곤 했다. 하지만 그 당시는 상황이 어느 때보다 더 안 좋았다. 1, 2분기 공납금 모두 내지 못한 것이었다.

종례 시간에 선생님께서 말씀하셨다.

"얘들아! 우리 반이 전교 1등을 했단다. 공납금 못 낸 반으로 말이야. 내일까지 꼭 부모님께 낼 수 있는 날짜를 받아오기 바란다. 내일까지도 못 낼 것 같은 사람은 선생님과 개인적으로 상담하도록."

나는 당연히 못 낼 형편이었다. 그래서 얼른 뒷문으로 나가 선생님 뒤를 조심스레 따랐다. 그런데 교무실 문을 열고 들어서는 담임 선생님께 교감 선생님이 하시는 말씀.

"선생님! 2학년 1반에는 아직도 1, 2분기 공납금 모두 안 낸 학생이 한 명 있네요. 이번 주까지 해결 못하면 아시죠? 선생님 책임이 큽니다."

그 소리를 듣는 순간, 나는 발걸음을 돌려 집으로 돌아오고야 말았다.

밤늦게서야 하루 종일 밭에서 고구마를 캐던 어머니가 지게에 고구마 한 가마니를 지고 돌아오셨다. 그 모습을 보고 치마 공납금 이야기를 꺼낼 수 없었다.

다음날 나는 학교에 가기 싫어서 꾀병을 부렸다.

"엄마, 나 갑자기 배가 아프고 어지럽네. 학교 못 갈 것 같은데."

"별일이네. 아프면 하는 수 없지. 방에 누워 있다가 괜찮으면 점심때쯤 마당에 널어놓은 콩이나 좀 부숴놓아라."

"응, 엄마!"

하루 종일 공납금 때문에 선생님과 마주치지 않아도 되니 너무나 홀가분했다. 다음날도 나는 꾀병을 부려 학교에 가지 않았다.

그날 오후였다. 머리에 수건을 쓰고 콩을 자근자근 밟으면서 도리깨질을 하는데 누군가 멀리서 나를 불렀다.

"선영 언니~, 선영 언니~."

뿌연 흙먼지 속을 헤집고 바라보니, 친구 동생 미옥이가 싸리문 앞에 서 있었다.

"미옥아, 왜 그래? 너희 언니가 날 불러?"

"아니, 그게 아니고, 언니네 선생님 오셨어. 언니네 집 찾으시기에 내가 모시고 왔는데."

숨이 턱 막혔다.

"어머! 우리 선영이 일 잘하는구나. 그나저나 집안일이 얼마나 바쁘면 학교를 이틀씩이나 빠지고 일을 해야 하나?"

선생님이 뒤에서 나타났다. 나는 선생님의 목소리를 듣는 순간, 고개를 들지 못했다. 어딘가로 숨고 싶을 뿐이었다.

선생님께서 우리 형편이 어렵다는 걸 알고 계셨겠지만, 막상 이런 초라한 모습을 들켰다고 생각하니 얼마나 부끄러운지……. 감히 인사를 할 수도, 어디 앉으시라는 말도 할 수 없어 꿀 먹은 벙어리가 되었다. 한참 동안 나는 애꿎은 콩 다발만 짓이기고 있었다.

"선영아, 우리 같이 하자. 선생님도 어렸을 때 많이 해봤어."

선생님은 핸드백을 마루에 내려놓고 스타킹을 벗은 뒤 엄마의 검정 고무신으로 갈아 신으셨다. 그러고는 자신의 키보다 훨씬 더 큰 도리깨를 철썩철썩 콩 다발을 향해 힘차게, 힘차게 내리치는 것이었다.

내가 말렸다.

"선생님, 제가 할게요. 그만하세요. 선생님 옷 다 버려요."

하지만 선생님은 도리깨질을 멈추지 않았고, 선생님의 분홍색 원피스는 어느새 흙먼지 투성이로 변해버렸다. 선생님께서는 빈 콩깍지 다

발을 한곳에 쌓아두고, 마당을 구석구석 쓸면서 흩어진 콩알을 남김없이 모으셨다.

일이 끝났다. 선생님이 원피스를 털면서 말씀하셨다.

"선영아. 아무리 힘들어도 학교는 결석하면 안 되는 거야. 네가 왜 학교에 안 나왔는지 선생님은 다 알아. 그러니 너는 내일부터 아무 걱정 말고 나오기만 하면 돼."

선생님은 물 항아리에서 미지근한 물 한 바가지를 퍼 드시고 돌아가셨다.

나는 "아무 걱정 말라"는 선생님 말씀의 뜻을 나중에야 이해할 수 있었다. 학교에서 더 이상 공납금 독촉이 없었던 것이다.

지금, 내 눈앞에서 여러 학부형과 인사를 나누는 연로하신 선생님은 25년 전의 바로 그 모습 그대로였다. 나는 더 이상 그 자리에 서 있을 수가 없었다. 도망치듯 강당을 빠져나와 모퉁이로 가서 눈물을 쏟아냈다.

'낯짝도 두껍네. 25년 동안 감사 인사도 못 드렸으면서, 학부모랍시고 예쁘게 단장하고 여기에 오다니.'

내 자신이 그렇게 부끄러울 수가 없었다. 결국 딸아이의 담임 선생님도 만나 뵙지 못하고 집으로 돌아왔다.

착잡한 마음에 이불을 쓰고 누워 있다가 벌떡 일어나 결심했다.
'그래. 찾아뵙는 거야. 이번 스승의 날에는 카네이션 사 들고 찾아뵈어야지.'

잔소리마저 그립다

"이제, 일주일을 넘기시기도 힘들 것 같아요."

의사 선생님이 나를 불러내더니 말했다. 어쩌면 충분히 예상된 일이었다. 지금까지 3년이 넘게 버텨왔으니…….

하지만 그 사실을 직접 듣고 나니, 도저히 믿을 수가 없었다. 그리고 차마 아내에게 말할 수 없었다. 며칠 동안 뜬눈으로 밤을 지샜다. 그러다가 굳게 마음을 먹었다.

"저기 있잖아……."

"응. 왜요?"

"당신, 사흘밖에 안 남았대."

아내는 잠시 동안 아무 말도 하지 않았다. 충격이 너무도 컸던 것일까. 아니면 그 복잡한 의미를 해석하는 데 많은 시간이 필요했던 것일까.

이윽고 아내가 울기 시작했다.

"그걸 왜 이제야 알려줘요. 이제 겨우 사흘밖에 안 남았다면서. 마지막으로 해야 할 게 얼마나 많은데. 우리 딸내미한테 해주고 싶은 이야기도 산더미 같고……."

이번에는 내가 꿀 먹은 벙어리가 되었다. 아내의 원망 어린 마지막 질책 앞에서 나는 아무런 말도 할 수 없었다. 아내는 내 가슴을 치면서 눈물을 흘렸다. 하지만 나는 그 앞에서 바보처럼 앉아 있을 뿐이었다.

아내는 직장암에 걸려 3년 동안 갖은 고생을 다 했다. 그러나 수술에, 약물 치료에, 온갖 방법을 동원해 봤음에도 끝내 회복하지 못했다.

아내는 휘영청 달 밝은 정월 대보름 날 떠났다. 찰밥이라도 한술 뜨고 갔으면 좋았으련만……귀밝이술이라도 한잔하고 갔으면 좋았으련만……. 아내는 더 살다 가도 늦지 않을, 다시 오지도 못할 길을 그렇게 서둘러서 먼저 가버렸다.

아내는 액자 속의 사진이 되었다. 그리고 '남은 자'들의 울부짖는 모습을 물끄러미 내려다보고 있었다. 나는 그런 말없는 아내가 야속하기만 했다.

아내는 곧 너무나 뜨거운 불길 속에 휩싸였다. 그러나 아무 일도 없는 듯 눈을 감고 편안하게 누워 있었다. 그 모습이 내 가슴속에 사무쳤다.

잠시 후 아내는 마침내 한 줌의 재로 변했고, 네모난 상자 속에 담긴 채 내 품으로 돌아왔다. 나는 재로 변한 아내를 안고 꺼이꺼이 울었다. 실성한 사람처럼 울다가 아내의 이름을 목청이 터져라 불러보기도 했다.

"여보."

"네? 왜요?"

아내는 내가 자기를 부를 때마다 눈을 동그랗게 뜨고 돌아보곤 했다. 그랬던 아내가 이제는 나의 외침에 아무런 대답도 하지 않았다.

나는 불러도 대답 없는, 재가 되어버린 아내를 어느 산자락 양지바른 곳에 뿌려주었다.

"아픔도 없고 고통도 없는 세상에서 다시 태어나서 편안하게 살아. 그리고 다시 태어나거든 나처럼 못나고 가난한 사람 만나지 말고, 돈 많고 잘난 사람 만나서 행복해야 해. 꼭! 알았지?"

아내는 내가 집에 있을 때면 온 신경을 나에게 쏟는 것 같았다. 살 풀리지 않는 사업 때문에 골머리를 앓는 나를 볼 때마다 오히려 아내

가 더 안쓰러워했다. 그러니 사업한답시고 아내에게 걱정만 끼치다가 먼저 보낸 나 자신이 그렇게 한심해 보일 수가 없었다.

아내가 떠나던 날, 수많은 사람들이 찾아와 위로를 해주었다.

"죽은 사람은 죽은 사람이고 산 사람은 어떻게든 살아야 하니까, 너무 슬퍼하지 말고 마음 단단히 먹어요."

너무도 고마운 일이었다. 그러나 내 귀에는 아무런 말도 들리지 않았다.

이런 이야기를 들은 적이 있다. "부모가 죽으면 산에다 묻고, 자식이 먼저 죽으면 가슴에다 묻는다." 그러면 먼저 간 아내는 어디에 묻어야 하는가. 나는 내 기억 속에 묻어두었다가, 언제든 보고 싶을 때 꺼내 보기로 했다.

안방이며 건넌방, 주방, 거실, 집안 구석구석 어느 하나 아내의 손길이 닿지 않은 곳이 없었다. 어느 하나 아내의 손때가 묻지 않은 곳이 없었다. 그런데 이런 것들을 모두 남겨놓고 아내는 혼자서 쏙 빠져버렸다.

아내의 잔소리마저 그립다. 어쩌다 퇴근이 좀 늦기라도 하면 "어디서 뭘 하고 이제 들어오느냐"고 싫은 소리를 하기도 했다. 그런데 이제는 그 싫은 소리마저 들을 수 없으니…….

작년에 사업이 어려워 부도가 났을 때는 아내의 위로가 큰 힘이 되었다.

"어떻게든 다시 일어서면 되잖아요."

하지만 이제는 다시 일어선들 기뻐해줄 아내가 없다.

중학교 2학년인 딸아이에게는 어느 때보다 더 엄마의 손길이 필요하다. 더구나 엄마만이 할 수 있는 역할이 따로 있을 텐데, 아빠인 내가 어떻게 엄마 역할을 대신할 수 있을지 걱정이 앞선다.

오늘도 나는 퇴근 후 딸아이한테 해 먹일 반찬거리를 사들고 발걸음을 재촉한다.

벼랑 끝 구조요원, 나의 아주머니

"내가 집주인이라고 위세라도 부렸나? 살림 필 때까지 있어도 된다는데 그러네. 그렇게 자꾸 간다고 하니 어쩔 수 없지만, 언제라도 오고 싶으면 아무 생각 말고 다시 와. 항상 이 방 비워놓고 있을 테니까."

나는 주인이 "나가라! 어서 나가라!"고 등을 떠밀어도 시원찮을 세입자였다. 그런데도 집주인 아주머니는 떠나는 날까지 따뜻한 점심상을 차려주시고 등을 다독거려주셨다.

"어디를 가든지 당장 먹을 것이 있어야 되지 않겠어?"

그러면서 쌀 한 포대와 김치 한 통까지 이삿짐 차에 올려주셨다. 나는 눈물이 찔끔 났다. 게다가 차에 오르는데 내 주머니에 꼬깃꼬깃 접은 봉투를 찔러주신다. 한사코 사양하다가 그냥 받았다.

"아……아……아주머니, 죄송……합니다. 그리고 감……감……감사……."

　나중에 봉투를 열어보고 너무나 놀라 입을 다물 수가 없었다. 월세방 보증금이 고스란히 들어 있는 게 아닌가. 방세를 못 드린 게 무려 1년하고도 2개월이었다. 보증금을 다 털어도 월세에 턱없이 못 미치건만, 아주머니는 그 돈을 그대로 돌려주신 거였다. 주체할 수 없이 눈물이 흘렀다.

　우리가 이렇게 어려운 처지에 빠진 것은 3년 전이었고, 아주머니와의 인연은 그때 시작되었다.

　남편의 사업이 실패로 돌아가자, 우리 가족은 짐을 꾸려 경기도 광주의 아주머니 댁으로 이사를 했다. 실패에 만신창이가 된 우리 다섯 식구……. 아주머니는 이것저것 따져 묻지도 않고 우리를 선뜻 받아 주셨다. 지칠 대로 지친 우리는, 참으로 오랜만에 두 다리를 쭉 펴고 편히 쉴 수 있었다.

　남편은 그 집에서 얼마 동안 쉰 뒤 "다시 일어서보겠다"면서 바쁘게 움직이기 시작했다.

　나름대로 희망이 보이는 나날이 이어졌다. 사업에 실패한 그는 번듯한 직업을 가질 수 있었고, 밑바닥부터 다시 시작했다. 정수기 외판원에 보험설계사, 꿀 장수에 양말 장수까지…….

하지만 남편은 하는 일마다 두세 달을 넘기지 못하고, "에잇! 더는 못해 먹겠다" 면서 손을 들어버렸다. 큰 욕심 부리지 않고 먹고살 정도만 생각하면 좋으련만……. 나름대로 규모 있게 사업을 해온 남편은, 그런 일이 성에 안 차는 모양이었다.

결국, 좌절의 늪에서 허우적대던 남편은 희망을 잃어버렸다. 그리고 어느 날, 온다간다 말 한마디 없이 훌쩍 집을 나가버렸다.

'무책임한 사람!'

아내인 나는 그렇다 치더라도 토끼 같은 어린 자식들이 눈에 밟혀 어떻게 발을 뗄 수 있었을까. 이해가 되지 않았다.

'아무리 힘들어도 투정 한 번 않고 그저 묵묵히 남편만을 믿고 바라보면서 욕심 없이 살아왔건만…….'

그것이 남편에게는 서슴없이 등을 돌릴 수 있는 빌미가 되었던 것일까? 하지만 그를 원망할 때가 아니었다. 그런 여유를 부릴 틈조차도 내게는 없었다.

갑작스러운 남편의 빈자리……. 나는 덜컥 겁이 났다. 어린 자식들을 먹여 살려야 한다는 막중한 책임감에 눈앞이 깜깜해졌다.

'도대체 어떻게 살아야 한단 말인가.'

세 아이의 초롱초롱한 눈망울을 마주하기가 겁이 났다. 차라리 모든 걸 포기하고 세 아이와 함께 세상을 떠나버리고 싶다는 못난 생각만 자꾸 들었다.

이럴 때 나와 가족을 지켜준 분이 집주인 아주머니였다.

"이봐. 이리 좀 와봐. 그렇게 방구석에서 울기만 하면 세상일이 저절로 된대? 노력해서 안 되는 일은 없는 거라고."

아주머니는 강제로 내 손을 잡아끌어 밖으로 내몰았다.

나는 태어나서 처음으로 땀 흘리는 노동을 했다. 비닐하우스에서 상추를 뜯고, 부추를 베고, 포도에 봉지를 씌우고, 고추 모종을 내고, 김을 매고……. 그렇게 비지땀을 흘리면서 노동의 참 맛을 느낄 수 있었다. 힘은 들었지만, 그런 일이라도 할 수 있는 건강한 몸을 가진 것에 감사하는 마음까지 생겼다.

이제 돈 되는 일이라면 앞뒤 잴 것도 없이 뛰어다녔다. 일이 서툴다고 다른 사람들 절반 값의 품삯을 받아도 행복했다.

'그래! 내 힘으로 우리 집 살림을 꾸려 나갈 수 있어. 나도 할 수 있다고.'

그런 뿌듯함에 힘든 줄도 몰랐다. 밤이면 정신없이 곯아떨어져서 사라진 남편을 원망할 틈도 없었다. 잡념이 생길 시간마저 없어지니 그렇게 편할 수가 없었다.

하지만 세상 사는 일이 그리 녹록하지만은 않았다. 노력해도 한계가 있는 것일까.

하루하루 산 입에 거미줄 치는 일은 막을 수 있었지만, 일거리가 꾸준해서 고정적인 수입이 있는 것도 아니었다. 아이들 학비까지 나가다 보니 도저히 버틸 수가 없었다. 한 달, 두 달 방세가 밀리기 시작했다.

"괜찮다니까 그러네. 일단 사람이 살고 봐야지. 방세가 뭐가 중요해."

죄송스럽다는 말씀을 드릴 때마다 아주머니는 이렇게 내 입을 막았다.

그때는 연탄 살 돈도 없었다. 그래서 차디찬 방에서 네 식구가 이불을 뒤집어쓰고 떨고 있는데, 아주머니가 방문을 열어젖혔다. 아주머니는 우리 모습을 보시더니 눈물을 쏟으면서 나를 원망했다.

"에그, 이 사람아. 자네야 어쩐지 모르겠지만, 저렇게 토끼 같은 애들을 떨게 만들어? 이런 지경이면 나한테 얘기를 하지. 자존심, 그 까짓 게 그렇게 중요해? 이 바보 같은 사람아."

아주머니는 사람을 불러 연탄을 들여다 주셨다. 온갖 푸성귀에 쌀, 갖은 양념, 김치까지 사흘이 멀다 하고 퍼 날라주셨다.

만일 아주머니의 보살핌이 없었더라면 우리 식구는 그해 겨울, 그 방에서 쓰러졌을지도 모른다. 아주머니는 피 한 방울 섞이지 않은 우리에게 그렇게 넓은 사랑을 베푸셨다.

"이 사람아, 사람 살아가는데 정만큼 살가운 게 어디 있어?"

하지만 우리는 아주머니의 만류를 무릅쓰고 떠나올 수밖에 없었다. 더 이상은 폐를 끼칠 수 없다고 모진 결심을 했던 것이다. 우리만 아니면 아무 걱정 없이 편안하게 살 수 있는 분인데, 그렇게 마음고생을 시켜드릴 수는 없는 노릇이었다. 아주머니는 우리 걱정 때문인지, 갑자기 늙으신 것 같았다. 이제는 우리에게서 벗어나게 해드려야 할 것 같았다.

우리 가족은 그렇게 떠나왔다. 그러나 아주머니가 베풀어주신 그 크나큰 사랑은 눈을 감는 날까지 결코 잊지 못할 것 같다.

아주머니를 생각하면서 결심해 본다.

'아주머니의 사랑이 헛되지 않게 저, 열심히 그리고 보란 듯이 잘살 거예요. 아주머니, 훗날 함박웃음을 지으면서 다시 찾아갈게요. 그리고 저 취직도 했어요.'

"미안해요. 그리고 고마워요"

1993년 10월 9일. 추석 연휴가 막 끝난 가을날 새벽이었다. 눈 비비며 일어난 여섯 살짜리 아들과 다섯 살 난 딸애에게 남편은 동전을 두 손 가득 쥐어주었다. 전날 상가에서 화투를 쳐서 땄다는 것이었다.

"아빠 갔다 올게."

남편은 출근을 했다가 사람들과 함께 바다 낚시를 떠난다고 했다. 우리는 승용차 꽁무니가 골목길을 벗어나 보이지 않을 때까지 바라다 보았다. 운전석에서 잠깐 뒤를 돌아 손을 흔들어주던 남편의 모습……. 우리는 그 모습을 끝까지 지켜보았다. 마지막이라는 걸 알기라도 했던 것일까.

다음날, 서울의 가을 하늘은 높고 푸르기만 했다. 딸애를 데리고 시장에 다녀오는데, 좌석버스에서 흘러나오는 뉴스를 들었다. 서해에서 배가 침몰했는데, 그 배에 낚시꾼이 무척 많았다는 소식이었다.

'큰 사고가 났구나. 정말 안됐다.'

그런 마음으로 돌아왔다. 그게 나의 일이라고는 꿈에도 생각하지 못한 채.

날이 저물어 밤 10시가 되고, 또 12시가 넘어도 낚시 갔던 남편은 돌아오지 않았다. 전화 한 통 없었다. 설마 설마 하며 이곳저곳 전화를 해봤지만, "기다려보라"는 말밖에 들을 수가 없었다.

새벽 2시, 애들 고모부 차를 타고 그곳으로 출발했다. 군산을 지나 격포항에 도착한 건 어스름한 새벽녘.

'아무 일 없을 거야. 아무 일도 없을 거야.'

스스로를 달래며 그곳에 도착하니, 격포항 주차장에 낯익은 회색 승용차가 덩그러니 서 있었다. '설마' 하면서 가까이 다가가 보았다. 차 안에는 남편이 전날 아침 출근할 때 입었던 새 양복이 걸려 있었다.

모든 기대가 무너져버렸다. 나는 정신을 잃었다. 그리고 정신을 차렸다가 울음을 터뜨리고, 다시 기절하고, 또 다시 깨어나서 엉엉 울고…….

남편은 그렇게 허무하게 우리 곁을 떠나버렸다. 겨우 서른다섯의 나이에.

우리에게 너무나 소중했던 사람……. 처음에 아이들은 아무것도 몰랐다. 친척들이 영안실에 몰려들자 반갑다고 뛰어놀기만 했다. 그러다가 이제 다시는 아빠를 만나지 못한다는 비정한 현실을 깨닫는 순간, 울음보를 터뜨리고야 말았다.

"엄마, 이제 아빠 못 보는 거야? 거짓말이지? 응? 거짓말이지?"

나는 품안으로 파고들며 눈물을 쏟아내는 아이들에게 아무런 말도 해줄 수 없었다.

남편을 차가운 땅속에 묻어두고 차마 뗄 수 없던 발걸음을 돌려 집으로 돌아왔다. 이제 세 식구가 남았다. 여섯 살 난 아들과 다섯 살짜리 딸애, 그리고 서른두 살의 나.

'어떻게 살아야 하나.'

아무 생각이 없었다. 아니, 할 수가 없었다. 그렇게 하염없이 울면서 그 가을을 보냈고, 겨울날도 그렇게 넘겼다.

어느 날 딸애가 귤을 먹다가 말했다.

"엄마, 이거 썩었어."

그러면서 그 귤이 어디에서 났는지 이야기하기 시작했다. 애들 삼촌이 사주고 갔나보다 했는데, 그게 아니었다. 동네 이지씨가 "불쌍하다"면서 1,000원을 주기에, 귤이 먹고 싶어 샀다고 했다. 그런데 과일

가게 아주머니가 한 개 더 준 귤이 썩은 것이었다.

  그 순간, 나는 정신이 번쩍 들었다.

  '아이들도 챙겨주지 않고 그저 울면서 보냈는데, 이러다가는 큰일 나겠구나. 이제 저 아이들은 온전히 내 몫인데.'

  어린것이 얼마나 귤이 먹고 싶었으면, 혼자 가서 과자도 아닌 과일을 사 왔을까.

  남편과 아이들은 귤을 무척 좋아했다. 겨울에 귤 한 상자를 사면, 사흘이면 셋이서 몽땅 먹어 치웠으니까.

  나는 간신히 정신을 차리고 일어나 집 밖으로 나왔다. 귤 한 상자를 사서 들어가니 아이들이 기뻐하며 게걸스럽게 먹어댔다. 그걸 지켜보는 내 눈에 눈물이 흘렀다.

  그렇게 봄이 오고, 큰아이가 초등학교에 입학을 했다. 아빠 없는 빈자리가 너무도 허전했다. 아이들을 놀이공원에 데리고 가도 전혀 즐겁지 않았다.

  딸애는 가끔 친구들과 놀다가 멍해질 때가 있었다. 다른 친구 아빠가 데리러 올 때마다, 멍하니 그 모습을 바라보기만 했다. 딸애의 그런 뒷모습을 볼 때마다 가슴이 미어지는 듯했다.

  큰애도 마찬가지였다. 아파트 맞은편 베란다 너머 온 식구가 둘러앉아 저녁 식사하는 모습을 물끄러미 바라보다가 혼자 훌쩍훌쩍 울고는 했다.

"엄마, 애들이 자꾸 놀려. 우리도 아빠 하나 만들어. 응? 엄마가 아빠 하나만 만들어줘."

결국, 나는 어려운 결정을 내렸다.

'그래 더 이상 울지 말자. 다른 가족들 보면서 부러워하지 말자.'

아이들과 나를 위해 재혼을 해야겠다고 결심했다. 그리고 지금의 남편을 친구의 소개로 만났다. 아들 녀석은 그날 지금의 남편을 화장실까지 쫓아다녔다. 아빠의 정이 얼마나 그리웠으면…….

그리고 새 가정을 만들었다. 아이들은 아빠를 잘 따라주었고, 남편 역시 아이들에게 잘해주었다. 당연히 '새 아빠니, 친자식이니', 그런 것들을 잊고 살게 되었다. 큰 녀석은 친구들을 데리고 와서 "우리 아빠야" 하면서 자랑을 하기도 했다.

음력 8월 24일은 먼저 간 남편의 기일이다. 지금의 남편은 여태까지 한 번도 거르지 않고 제사를 지내주었다. 눈물나게 고맙고, 미안하기도 하다. 내가 눈물을 글썽거릴 때마다 그는 담백하게 말한다.

"우리가 이렇게 해야 아이들이 자라서 어른들을 이해할 수 있는 거야. 그리고 먼저 간 사람에 대한 예의를 지키는 것일 뿐인데 뭘."

300명의 목숨을 삼켰던 바다······. 근 한 달 동안이나 신문과 TV를 떠들썩하게 했던 서해 페리 호 침몰······. 그때 여섯 살이던 큰애가 지금은 중학교 1학년이고, 작은애는 초등학교 5학년이 되었다. 그렇게 흘러온 세월만큼 페리 호 사건은 뇌리에서 잊혀져갔다. 하지만 나는 매년 그날이 오면, 서해 페리 호와 함께 운명을 달리한 300명의 영혼을 위해 빌고 또 빈다.

그날이면 나는 술 한 잔 부어놓고 먼저 떠난 그에게 속삭인다.

'아이들 잘 키울게요. 큰애는 벌써 저보다 큰 걸요. 걱정하지 마세요. 저 세상에서나마 재미있고 행복하게 지내세요.'

마지막으로 한 마디 덧붙인다.

'그리고······재혼해서 정말 미안해요.'

잊어서는 안 될 얼굴 하나

"내 이것들을 당장!"

"그래, 맘대로 해봐라. 맘대로!"

아버지가 술에 취해 들어오는 날이면, 우리 집은 그야말로 생지옥이었다. 내 나이 아홉 살. 그때까지 학교 진학은 꿈도 못 꾸었던 나는, 집에서 천덕꾸러기 신세를 면치 못하고 있었다.

너무도 가난한 우리 집. 그러나 '가난하기 때문에 서로 아껴주고 사랑한다'는 이야기는 TV 드라마에서나 나오는 것이었다. 아버지와 엄마는 서로 할퀴고 상처 주는 데 열심이었다. 아버지는 폭언을 일삼으며 매질을 했고, 엄마는 아버지에게 달려들어 팔을 물어뜯기도 했다.

하지만 언제나 엄마가 나가떨어졌다. 엄마가 땅바닥에 쓰러져 울부짖으면 우리도 따라서 서럽게 울어댔다.

아버지의 술버릇은 참으로 이해하기 힘들었다. 술만 드셨다 하면 매타작이었고, 매질하지 않는 날에는 식구들을 못 자게 괴롭혔다. 그러나 이상하게도 다음날 술이 깨고 나면, 당신이 간밤에 어떤 일을 저질렀는지 전혀 기억하지 못했다.

어느 날 엄마는 아버지가 없는 틈을 타서 짐을 챙겼다. 그러고는 장롱 속에 깊이 넣어두었던 옷을 꺼내 입고 집을 나서는 것이었다.

"엄마, 안 돼! 우리랑 같이 가. 같이 가잔 말이야."

언니와 내가 발을 잡고 매달렸지만 엄마의 걸음을 막을 수는 없었다.

"곧 돌아올 테니까 동생들을 잘 돌봐야 한다. 알았지?"

엄마는 언니에게 신신당부를 한 뒤 총총걸음으로 사라졌다.

저녁이 되자 언니는 부엌 구석을 뒤적이더니 밥상을 차렸다. 우리가 제일 좋아하는 계란찜을 해주고는 자기는 먹지 않았다. 밥을 먹으면서도 우리는 무서울 뿐이었다.

'아버지가 집에 돌아와, 엄마가 집을 나간 사실을 안다면······.'

생각만 해도 숨통이 조여드는 것 같았다.

언니와 나는 잠들어 있는 동생 옆에서 난생 처음으로 소원을 빌었다. 제발 오늘만큼은 아버지가 술을 안 드시고 오게 해달라고.

하지만 아버지는 소원을 빈 게 무색할 정도로 술이 떡이 될 정도로 취해 돌아오셨다. 멀리서 술 취한 아버지가 떠드는 소리가 들렸다. 그

장롱 깊이 넣어둔 옷을 꺼내 입고
엄마는 아버지를 피해 집을 떠났다.
"엄마, 안 돼! 우리랑 같이 가잔 말이야."

순간, 언니는 무언가 짐작이라도 한 듯이 동생과 내게 주섬주섬 옷을 입혔다.

아버지의 고함 소리가 가까이에서 들렸다. 그리고 불규칙적인 발소리가 지척까지 다가오더니 갑자기 방문이 활짝 열렸다.

아버지는 무시무시한 표정으로 방 안에 웅크린 우리를 노려보고 섰다. 아버지의 모습은 사람 같지 않았다. 잔뜩 풀어진 눈에는 초점이 없었고, 넘어지기라도 했는지 옷은 흙투성이가 되어 있었다.

"악!"

우리는 동시에 비명을 질렀다. 아버지의 손에 커다란 몽둥이가 들려 있었던 것이다.

아버지는 커다란 몽둥이를 치켜들더니 순식간에 방문을 향해 내려쳤다. 방문이 우리의 비명과 함께 힘없이 조각나고 말았다.

"내 이것들을……."

아버지가 이번에는 우리를 향해 몽둥이를 높이 치켜들었다. 그 순간, 언니가 우리 둘을 구석으로 밀며 자기 몸으로 감싸 안았다.

"으악!"

언니의 고통스러운 비명소리가 온 방안에 울려 퍼졌다. 아버지의 무자비한 몽둥이가 그대로 언니 등을 후려친 것이었다.

언니는 비명을 지르면서도 결코 피하지 않았다. 아버지가 언니의 등을 그렇게 후려치기를 몇 차례. 그러다가 지쳐버린 아버지는 방바닥에 그대로 쓰러졌다.

언니는 끙끙 하는 신음을 내면서도 우리를 데리고 밖으로 도망쳐 나왔다. 아버지가 다시 일어난다면 무슨 일이 생길지 알 수 없었다. 우리는 신발도 제대로 챙겨 신지 못한 채 무작정 집에서 나왔다. 그나마 이렇게 도망치게 될 줄 알았던 언니가 우리에게 옷을 미리 입혀주었던 게 다행이었다.

우리는 먼 곳에서 집을 바라보면서 아침이 되기만을 기다렸다. 언니의 작은 가슴에서 전해져오는 따뜻한 체온을 느끼며 설핏 잠이 들었다.

언니가 깨우는 소리에 눈을 떠보니 새벽이었다. 집으로 돌아와보니 아버지는 난장판이 된 집 안에서 코를 골고 있었다.

그 뒤로 그런 날의 연속이었다. 우리는 밤마다 도망을 쳤고, 아버지는 부지깽이에 빨랫방망이까지 들고 우리를 찾아다녔다.

그렇게 얼마의 시간이 흘렀을까. 거짓말처럼 엄마가 우리 앞에 나타났다. 우리는 부둥켜안고 눈물을 흘렸다.

"엄마, 이제는 어디 안 갈 거지? 응?"

엄마가 고개를 끄덕이면서 울었다.

다시 만날 수만 있다면

엄마가 돌아오고 나서, 우리 집은 한동안 평화로웠다. 두 가지만 빼고 말이다. 하나는 그 양만 줄었을 뿐 아버지가 여전히 술을 드신다는 것, 또 하나는 엄마가 언니와 다투기 시작했다는 것이었다.

몇 년 후 언니는 엄마가 반대하는 사람과 기어코 결혼을 하고 말았다. 하지만 그 결혼 생활은 오래 가지 못했다. 결국 언니는 이혼을 했고, 어렵게 얻은 딸이 다섯 살 되던 해, 불현듯 성공해 보겠다면서 우리 곁을 떠났다. 벌써 4년 전의 일이다. 지금까지 전화만 두어 통 왔을 뿐, 감감무소식이다.

어느 덧 언니의 딸은 잘 자라서 초등학교 2학년이 되었다. 며칠 전, 엄마에게서 전화가 걸려왔다.

"얘. 네 언니 딸이 학교에서 반장으로 뽑혔다. 신기하지? 고것이 제 엄마를 닮아서 여간 똑똑한 게 아니거든."

지난 여름방학 때 조카가 우리 집에 머물다 갔다. 어느 날 그 애가 세수하러 화장실에 들어갔다가 좀처럼 나오지 않기에 그 이유를 물어보았다.

"큰이모, 왜 그런 줄 아세요? 모르시죠? 엄마가 보고 싶어 울고 싶을 때만 그래요. 세수할 때 울면 할머니도 내가 운 걸 전혀 눈치 못 채시거든요."

기가 막혔다. 이렇게 어린아이에게 그런 마음이 있었다니……. 그 애를 가슴에 꼭 안은 나는 아무 말도 하지 못했다.

언니는 잊지 않고 기억하고 있을까? 그 옛날, 우리가 집 나간 엄마를 얼마나 애타게 그리워했는지. 언니는 알고 있을까? 그 옛날 우리가 그랬던 것처럼, 아니 더 사무치게 가슴 졸이며 언니를 그리워하는 어린 딸이 있다는 걸.

자꾸만 언니의 얼굴이 떠오르지 않는다. 바보같이……. 결코 잊어서도, 잊을 수도 없는 그리운 얼굴인데 말이다.

6부

사랑,
삶을 바꾸는
행복 에너지

곁에 있는 사람들에게
자신의 것 아낌없이 나눠주기.
천국 같은 삶을 누릴 수 있는
최고의 방법이 아닐까?

생선 장수 친구의 행복 메시지

"한번……드셔……보세요."

나는 기어 들어가는 목소리로 간신히 말했다. 그 한 마디 하는 데도 큰 용기가 필요했다. 하지만 아무도 거들떠보는 사람이 없었다. 한참 후에야 몇 사람이 다가왔지만, 집어먹기만 하고 사 가지는 않았다. 얄밉기만 했다.

나는 친구 소개로 어묵 회사 판촉 요원 일을 하고 있었다. 백화점 지하 식품 매장에서 어묵을 끓여 시식 판매하는 것이 내 일이었다. 사실, 그 일을 처음 시작한 나는, 정작 어묵 파는 일보다 다른 걱정이 앞섰다.

'이러다 혹시 아는 사람이라도 만나면 어떡하지?'

만약 그렇게 된다면 이만저만 망신스러운 게 아닐 수 없었다.

'아니야. 그럴 리가 없어.'

나는 애써 스스로를 위로하며 시식 코너를 지켰다. 이 백화점은 동네에서 제법 멀리 떨어진 곳에 있었다. 그래서 아는 사람이 여기까지 물건을 사러 올 리가 없었던 것이다. 또 이제 며칠간만 바짝 일을 하면 큰애가 그렇게 갖고 싶어하는 휴대용 시디 플레이어를 사줄 수 있다는 기대감으로 애써 그런 불길한 생각을 털어냈다.

하지만 그 일은 무척이나 힘이 들었다. 잠깐 주어지는 식사시간 빼고는 하루 종일 잠시도 앉을 수가 없었다. 게다가 어묵을 끓이면서 손님들에게 구매를 권유하는 일이 좀처럼 익숙해지지 않았다. 사회 생활의 경험이라고는 전혀 없는 숙맥이 그런 일을 맡았으니 어떻겠는가.

저녁 무렵이 되어가니 겨우 목소리가 나왔다. 용기도 좀 생겼다. 어묵을 권하면서 요령껏 제품을 설명할 수도 있게 되었다.

그런데, 이게 무슨 운명의 장난이란 말인가! 저 먼발치에서 여고 동창 둘이서 나란히 걸어오고 있는 게 아닌가. 수다를 떨면서 쇼핑 카트를 밀던 그 애들은 내가 있는 쪽으로 다가오고 있었다.

'앗! 큰일이다. 이걸 어쩌나……'

너무나 당황해 안절부절못해하던 나는 그만 화장실로 도망을 치고 말았다.

화장실에 앉아 있는데, 자꾸 그 애들의 모습이 떠올랐다. 한눈에도 부유해 보였다. 둘 다 시집을 잘 갔는지 족히 몇 백만 원은 되어 보이는 밍크 코트와 명품으로 온몸을 도배하고 있었다.

'저 애들을 여기서 만날 줄이야……'

내 옷차림을 내려다보았다. 그 애들에 비하면 내 몰골은 말이 아니었다. 촌스러운 바지에 앞치마를 두른 모습…….

내 고교 시절 별명은 '수학 귀신'이었다. 수학을 잘해 교내는 물론 교외 수학경시대회까지 나가 입상을 하곤 해서 친구들에게 부러움을 사기도 했다.

'내가 왜 이 지경이 되었을까.'

그 친구들과 비교해 보고 있으니 내 처지가 한심하기만 했다. 자꾸만 눈물이 났다. 사는 게 대체 뭐란 말이냐!

한참을 울다가 시식 코너로 돌아와보니 어묵 국물이 다 졸아 있었다. 때마침 찾아온 어묵 회사 직원에게 안 좋은 소리를 들어야 했다.

돈 버는 것이 참 어려운 일이라는 걸 깨달았다. 남편이 가져다 주는 월급을 "겨우 요거?" 하면서 우습게 여겼던 게 후회가 되었다. 남편이 한심하다는 눈으로 쳐다볼 때마다 나는 이렇게 큰소리 치곤 했다.

"그까짓 돈. 내가 맘만 먹으면 한 번에 몇 뭉치는 벌 수 있어! 몇 푼 안 되는 월급 받아오면서 생색은 무슨."

일을 끝내고 집으로 돌아가는데, 오로지 남편에게 미안하다는 생각밖에 안 들었다. 그래서 고개를 푹 숙이고 골목길을 들어서는 찰나 트럭에서 누군가가 소리친다.

"갈치요, 갈치. 갈치가 싸요!"

한 아주머니가 트럭 위에 쭈그리고 앉아서 손님을 부르고 있었다.

'저 여자 처지도 나처럼 안됐네. 그래, 갈치라도 한 마리 팔아주자.'

이렇게 생각하고 다가가서 갈치를 살펴보았다.

"어머머! 이게 누구야? 너 혹시 경숙이 아니니?"

갑자기 갈치 아주머니가 내 이름을 불렀다.

이미 해가 저문 뒤라 얼핏 봤을 때는 몰랐는데, 다시 들여다보니까 고등학교 동창생이었다. 그 애는 학교 때 학생회장을 지낼 만큼 성적도 좋았고 미모도 받쳐줘서 주변 학교 남학생들에게 인기가 많았다. 나는 오랜만에 만난 그녀가 무척 반가웠지만, 한편으로는 갈치 장수가 된 모습에 너무나 놀라서 할 말을 잃었다.

그녀는 내 마음을 알아채기라도 한 듯, 자신이 왜 갈치 장수로 나서게 되었는지를 이야기해 주었다. 마치 남의 얘기를 하는 것처럼 천연덕스럽게 고생담을 늘어놓았다.

"어떡하니? 먹고는 살아야겠고……애들도 가르쳐야 하니까……. 뭐 어떻게든 나 살게 되더라고. 하하하. 나 잘 어울리지? 하하하."

"그럼, 애! 사람 사는데 할 일 못할 일이 어디 있니? 도둑질만 빼고."

나는 그렇게 맞장구를 쳐주었지만 속으로는 창피했다. 백화점에서 옛 친구를 만나고도 도둑질하다가 들키기라도 한 양 도망쳤던 나, 갈치 장사를 하면서도 구김 없이 살아가는 저 친구…….

학생회장에 미스코리아 뺨 치는 외모를 지녔던 저 애도 저렇게 자신 있게 생선 장사를 하는데, 그보다 잘난 것 하나 없는 나는 이게 뭐란 말인가. 겨우 판촉 행사 하루 하고서는 세상 다 산 것처럼 서글퍼 하다니. 그렇게 그녀는 내게 스승이 되어주었다.

나는 요즘도 가끔 판촉 행사에 나가곤 한다. 그럴 때면 동네 아주머니들에게 너스레를 떨며 당당하게 말한다.

"와서 물건 많이 팔아줘서 내 체면 좀 세워줘요. 응?"

그 친구가 너무나 고맙다. 내게 무엇보다 중요한 것을 가르쳐주었다. 자신 있게 살아가는 방법 말이다.

행복이라는 건 아무리 생각해도 로또 복권에 당첨되는 것 같은 요행은 아닌 것 같다. 하나씩 하나씩 노력해서 무언가를 쌓아가는 동안 느낄 수 있는 감정, 그것이 바로 진정한 행복이 아닐까?

행복하게 삶을 마무리하는 방법

'살아간다는 것'은 왜 이다지도 많은 행사의 연속인지 모르겠다. 태어나서 생을 마치는 순간까지 줄줄이 이어진다. 태어나면 백일 잔치, 돌 잔치, 유치원 입학 및 졸업, 그 이후 입학과 졸업의 반복, 그리고 결혼식, 아이를 낳고 나면 부모의 입장에서 다시 반복……

그렇게 수많은 행사를 거쳤다. 이제 내 나이 '5학년 2반', 남편은 '5학년 6반'이다. 슬하에 딸과 아들을 하나씩 두고 온갖 행사를 치르는 중이다.

남편은 몇 년 전부터 색다른 행사를 치르겠다면서 난리다. 하지만 아직까지 그 목적을 달성하지 못했다. 내가 계속 반대했기 때문이다. 나 없이는 절대 치를 수 없는 행사이니, 남편은 마음이 매우 답답했을 것이다.

남편이 준비하려는 행사는 이른바 '장기 기증 서약'이었다.

"사람이 죽으면 영혼이 분리되잖아. 그럼 육신은 나무만도 못한 거야. 그런 육신을 내주는 게 뭐가 아까워?"

그러더니, 남편은 얼마 전에 기어코 병원에 다녀오고야 말았다. 그는 내 코앞에 서류를 내밀더니 이렇게 말했다.

"자, 여기에 서명을 하라고. 이게 말이야, 간단히 끝난다니까."

장기 기증 증서였다. 내가 어이없다는 듯 쳐다봤더니, 남편은 천연덕스럽게 말을 이었다.

"당신, 그거 알아? 눈에 있는 각막 말야. 조물주가 이걸 참 튼튼하게 만들었대. 그래서 아흔 살 노인이 기증한 각막을 이식받아도 수십 년 동안 쓸 수 있다는 거야. 그런데 문제는 그놈의 각막이란 게 항상 부족하다는 거지."

"그런데 왜 하필 당신이에요? 다른 사람도 많은데. 그리고 당신은 눈도 별로 좋지 않은데, 그런 각막을 갖다가 어디에 쓰겠어요?"

"모르는 소리! 내 몸에서 쓸 만한 게 한둘이겠어? 그리고, 정 쓸 게 없으면 연구 실습 재료로 사용해도 되잖아. 의대생들이 실습할 수 있는 몸이 그렇게 부족해서 난리라는데."

남편의 말을 듣다가 나는 그만 눈물을 흘리고야 말았다.

'저이는 이 세상에 무슨 빚을 졌기에 저렇게 뭔가를 남겨주지 못해서 안달인 것일까?'

남편은 계속 나를 다그쳤다. 결국, 나는 눈물을 훔치며 서명을 해주었다.

장기 기증 증서가 효력을 발휘하기 위해서는 보호자(보증인) 두 명의 동의가 필요했다. 그래서 저녁 무렵 아들이 돌아오자 남편은 기다렸다는 듯이 아이에게도 서류를 들이밀었다. 아들 역시 선뜻 서명을 못하고 머뭇거렸다. 하지만 남편의 설득에 밀리는가 싶더니, 마침내 서명 날인을 했다.

남편의 장기 기증 증서에 서명한 날, 나는 잠을 이루지 못했다.

'벌써 세월이 흘러서 우리 나이가 이렇게 됐구나. 이제 인생 정리를 미리 생각해 두어야 할 나이네.'

이런저런 생각을 하면서 뒤척였다.

'저이는 왜 저렇게 장기 기증을 고집하는 거지? 그래, 태어나면 언젠가는 다시 돌아간다는 게 정해진 이치이기는 하지. 받아들일 수밖에.'

그런데 어느 순간, 정신이 번쩍 들었다. 그의 마음을 느낄 수 있었던 것이다.

'아! 그렇구나. 저 사람은 삶을 행복하게 마무리하려는 거야. 살아서도 천국 같은 생활을 하고 죽어서도 행복하겠다는 거지. 남은 사람들에게 자신의 것을 나눠주어서 죽어서도 기쁨을 느끼고 싶은 것일 게야.'

무뚝뚝한 남편은 내게 조리 있는 설명을 해주지는 못했지만, 한참을 생각해 보니 그의 진심을 이해할 수 있었다.

나는 결심했다. 그리고 다음날, 남편에게 말했다.

"나, 당신처럼 장기 기증 증서를 쓸래요. 이제 나도 준비를 해야죠."

남편이 그 말을 듣고 빙그레 웃었다.

지독한 숙모의 이유 있는 구박

"월급 탔지? 그럼 이제 밥값 내."

"네? 얼마나요?"

"매달 40만 원씩 내면 되겠네."

"네? 그렇게나 많이요?"

첫 월급을 탄 다음날, 숙모가 나를 부르더니 밥값을 내라고 했다. 월 40만 원이면 큰돈이었다. 월급 받아 세금에 국민연금, 의료보험, 고용보험 다 떼고 나면 몇 푼 남지도 않는데 밥값으로 40만 원이나 내라니……. 사실 밥값 자체가 아깝다기보다는, 조카에게 그걸 받아내고야 말겠다는 숙모가 미웠다.

나는 예전부터 삼촌을 잘 따랐다. 삼촌은 막내, 나는 장손인지라 나이 차가 그리 많지 않아서인지, 삼촌은 언제나 나에게 형처럼 푸근하게 대해주었다. 어렸을 적에는 내 숙제도 도와주었고, 좀 자란 다음에는 맛있는 걸 사주는 것은 물론 이따금씩 용돈도 챙겨주었다.

그런 삼촌이 결혼을 하면서부터 바뀌기 시작했다. 나에 대한 관심이 점점 적어지더니 용돈은커녕 양말 한 켤레 사주는 일조차 없었다. 숙모와 나의 관계는 어쩌면 그때부터 뒤틀리기 시작했는지도 모른다.

'맞아. 이게 다 숙모 때문이야. 이렇게 숙모한테 꽉 잡혀 사니 나를 챙겨줄 수가 있나.'

대학을 졸업한 뒤 집에서 '하얀 손(백수)'임을 자랑하고 있을 때, 삼촌이 '일자리를 소개시켜 주겠다' 면서 서울로 올라오라고 했다. 취직이 된 것까지는 좋았는데, 삼촌 집에서 회사를 다녀야 한다는 게 문제였다. 보기 싫은 숙모와 매일 마주쳐야 한다는 부담감 때문에.

나는 사촌 동생 숙제도 봐주고 놀아주는 것은 물론 설거지와 방 청소를 하는 등 나름대로 밥값을 했다고 생각했다. 그런데 숙모는 내가 첫 월급 타기를 기다렸다는 듯이, 40만 원씩이나 내라는 것이었다.

결국 3개월 만에 하숙을 구해서 삼촌 댁에서 나왔다. 내가 그렇게 삼촌 댁을 나오자 어머니와 숙모 사이에 불화가 생긴 모양이었다. 어머니 역시 숙모의 처사가 야속하고 원망스러웠을 것이다.

"야! 드디어 해방이다."

하숙을 시작한 나는, 숙모를 보지 않는 것만으로도 날아갈 듯 기뻤다. 하지만 하숙 생활도 순탄치는 않았다. 방 한 칸을 두 명이 쓰는 조건에 한 달 하숙비가 40만 원이었다. 더구나 룸메이트가 고약한 친구였다. 역술을 공부한답시고 수염을 한 자까지 길러 흉측스러운데다 세수는 고사하고 열흘 동안 이도 안 닦는 것이었다. 사람 같지가 않았다.

결국 그 친구와 대판 싸우고는 고시원으로 들어갔다. 혼자라는 게 좋았지만 두 평도 안 되는 비좁은 방은 숨이 턱턱 막힐 지경이었고, 매끼를 사 먹어야 하니 돈은 돈대로 나갔다. 그래서 '자취로 바꿔볼까' 생각하는데 삼촌이 찾아왔다.

"야, 이 녀석아. 이게 대체 무슨 꼴이냐. 이게 사람 사는 데냐?"

삼촌은 고시원의 내 방을 한 번 훑어보더니, 기가 막힌다는 듯 혀를 끌끌 찼다.

"짐 싸라. 우리 집으로 가자."

결국 나는 6개월 만에 다시 삼촌에게 이끌려 숙모 집으로 들어가게 되었다. 물론 하숙집이나 고시원에 비하면 숙모 집은 천국이었다. 돈만 받지 않는다면 말이다.

그렇게 4개월을 잘 지냈다. 밥값도 꼬박꼬박 내면서. 그러던 어느 날, 숙모가 말했다.

"이제부터는 밥값을 조금 더 내줬으면 좋겠어."

"네? 얼마나요?"

"10만 원 올려서, 50만 원."

나는 그 말을 듣고 입을 꾹 다물었다. 숙모와 정이 생길 리도 없었지만, 그나마 남아 있던 것마저 뚝 떨어지는 순간이었다. 정말 돈에 환장한 사람이었다.

마음 같아서는 당장 짐 싸들고 나가버리고 싶었다. 하지만 어쩌겠는가. 이미 여러 곳을 옮겨 다녀봤지만, 그나마 이만한 곳도 없었다. 나는 울며 겨자 먹기로 숙모의 요구를 받아들이는 수밖에 없었다.

그래도 그냥 당할 수는 없었다. 숙모에게 대들었다.

"물가도 안 올랐는데 왜 갑자기 10만 원을 올려달라고 그러시는 거죠? 이유가 뭡니까?"

"그게 궁금하면 이걸 봐."

숙모는 내 코앞에 종이 한 장을 내밀었다. 그달 치 내 신용카드 청구서였다.

"술값으로 한 번에 37만 원도 긁었는데, 그까짓 10만 원이 뭐가 많다고 그러지?"

"그건 회사 사람들하고 마신 거예요. 월급 나오면 분담하기로 하고 제 카드로 긁은 거란 말입니다."

"글쎄? 만일 그 돈 받으면 내 손에 장을 지지지."

묘하게도 숙모의 예언이 적중했다. 단 한 사람도 내게 술값을 갚지 않았다. "다음달에 주겠다"면서 차일피일 미루면서 주지 않는 것이었다.

어쨌든 그렇게 3년을 숙모에게 구박받으면서 지냈다. 그리고 지금의 아내를 만나 결혼을 하게 되었다.

결혼을 하고도 숙모에 대한 나의 사무친 원한은 풀리지 않았다. 신혼여행을 가서도 다른 친척들에게 드릴 선물은 모두 샀지만, 숙모에게 드릴 것은 일부러 사지 않았다. 밥값에 대한 원망이 나의 가슴속에 깊게 자리 잡고 있었던 것이다.

'어떻게 조카에게 그렇게 모질게 할 수 있지? 그 돈 받아서 자기는 부자 될 줄 아나?'

결혼식을 올린 후 두 달이 넘었는데도 숙모에게 인사를 가지 않았다. 그랬더니, 어느 날 숙모에게서 "부부가 같이 오라"는 연락이 왔다.

'또 무슨 잔소리를 하려고 그러시나?'

나는 혼날 각오를 단단히 하고 삼촌 댁을 찾았다.

저녁 식사를 하고 이런저런 이야기를 나누고 있는데, 숙모가 나를 따로 불렀다. 숙모는 전에 내가 쓰던 방으로 데리고 가더니 앉으라고 했다. 그러고는 주머니에서 뭔가를 꺼내어 나에게 내밀었다.

'이건 또 뭐야? 신용카드 청구서인가?'

아니었다. 은행 적금통장이었다. 숙모가 입을 열었다.

"그동안 냈던 하숙비 꼬박꼬박 저금한 통장이야. 내가 조카 밥값 받아서 무슨 호강하려고 그랬겠어. 이제 결혼도 했으니 줘야 할 때인 것 같아서 주는 거야. 중간에 집만 안 나갔더라면 딱 만기가 되었을 텐데……. 이거 여섯 번 더 입금해야 만기야. 그때 목돈으로 찾아서 한턱 내."

통장에는 1,430만 원이라는 거액이 찍혀 있었다. 머릿속에서 숫자가 뿌옇게 변하면서 뭔가가 쏴 하고 훑고 지나가는 느낌이 들었다.

갑자기 목이 메어서 고맙다는 말도 못하고 멍하니 앉아 있었다. 목이 울컥대며 따끔거리고 아팠다. 숙모 마음이 그런 줄도 모르고 욕을 하고 다녔던 내가 한심한 인간이었다.

그날 밤 삼촌 가족과 술집에 가서 맥주를 엄청 마셨다. 술에 취해서 정신이 없는데 어머니가 전화를 걸어왔다. 숙모 집에 갔던 일이 궁금했던 것이었다.

"여……보세요?"

내가 혀 꼬인 소리로 전화를 받자 어머니가 갑자기 흥분하셨다.

"너 숙모한테 뭔 소리를 들은 거냐. 왜 그렇게 술을 많이 먹었어? 내 이것들을 그냥 두지 않을 테다."

"아냐, 엄마. 숙모가 내가 낸 밥값으로 적금을 들었대. 그 통장을 오늘 받았어. 1,000만 원이 넘어. 숙모한테 미안해서 어떡해."

나중에 안 사실이지만, 어머니와 숙모는 나 때문에 장기 냉전 상태였다. 어머니는 내 결혼식 때도 남은 음식을 다른 사람들에게 모두 싸주면서도 숙모만 빈손으로 보냈다고 한다.

나는 술기운을 빌어 숙모에게 용서를 빌었다.

"죄송해요. 깊은 뜻도 모르고 제가……정말 죄송해요."

아내 앞이었는데도 체면이고 뭐고 없이, 눈물을 찔끔찔끔 흘렸다.

숙모가 놀렸다.

"에게. 새 신랑이 뭐 이렇게 약해 빠졌어?"

도둑에게 배울 점 열 가지

"어머니, 민석이가 수업에 영 집중을 하지 않아요. 여자애들 치마를 들추고 숙제도 거의 안 해옵니다."

큰아이 담임 선생님에게 자주 듣던 말이었다. 나는 이 아이가 초등학교 5학년을 마칠 때까지 한 달에 한두 번은 학교에 찾아가야 했다. 아이는 자기 자신을 제어하지 못했다. 한창 예민한 나이에 자신의 허전함을 그런 식으로 풀어보려고 했던 것 같다.

남편은 몸이 불편해 몇 년째 요양원과 집을 오가면서 쉬고 있었다. 그러다 보니 내게 지워진 가장의 멍에……. 나름대로 한다고는 했지만 그 한계는 분명했다. 가장 큰 한계는 바로 큰아이 민석이였다. 민석이는 우리 집과 현실에 대한 불만을 반항으로 표현했다.

나는 아이가 말썽을 피울 때마다 학교에 불려갔다. 선생님과 상담을 마치고 학교 운동장을 가로질러 집에 오노라면, 땅이 푹 꺼지고 푸른 하늘이 노랗게 보였다.

그런데 이런 민석이가 한 달 만에 180도 바뀌었다. 6학년이 되고 나서부터였다.

"엄마, 우리가 도둑한테 배울 점이 뭐예요?"

숙제를 하면서 혼자 끙끙대더니 고개를 돌리고 내게 묻는다.

"글쎄다. 그런데 그게 왜 필요한 거니?"

"선생님이 내일 발표 시간을 갖는다고 하셨어요. 우리가 '도둑에게 배울 점 열 가지'에 대해 생각을 해서 가면, 그걸 가지고 발표를 하는 거죠."

그래서 아들과 나는 머리를 맞대고 몇 가지를 찾아보았다.

민석이의 변화는 담임 선생님을 만나면서 시작되었다. 그동안 한번도 남자 담임 선생님을 만난 적이 없었는데, 이번에는 학교를 갓 졸업한 젊은 남자 선생님이 학급을 맡으셨다고 한다.

녀석의 생활에 변화가 생겼다. 전에는 밤늦게까지 오락이나 만화에 빠져 있다가 늦잠 자기 일쑤였던 아이가 갑자기 새벽부터 일어나 숙제를 하고 등교를 서두르는 것이었다. 기적 같았다.

"도둑에게 배울 점이라…… '목표를 정확히 찾아낸다.' 이건 어때?"

"좋아요, 엄마. 음…… '치밀한 사전 계획을 세운다.' 이건 어때요?"

"그것도 좋구나. '흔적을 남기지 않는다.' 이것도 괜찮을 것 같은데. '조용히 움직인다.' 이건 '흔적을 남기지 않는다'와 비슷한 거 아닌가? 조금 의미가 다른 것 같기도 하고."

이때 우리 모자(母子)의 토론을 방해하는 전화가 걸려왔다.

이웃집 동우 엄마였다.

"민석이 엄마, 동우가 이상한 숙제를 가져왔는데 알아요? 뭐 이런 숙제를 내주는 선생이 다 있어요? 우리 내일 몰려가서 항의해야 하는 거 아니에요?"

동우 엄마는 상당히 흥분한 것 같았다.

"동우 엄마, 숨 좀 가라앉히고 한 번 더 생각해 봐요. 선생님이 이런 숙제를 내주신 데는 다 뜻이 있지 않겠어요? 우리 아이와 지금 그 숙제를 하는 중인데, 생각보다 재미있고 배울 점이 많더라고요."

아이는 다음날, 학교에서 돌아와 들뜬 목소리로 그날 발표회에서 있었던 이야기를 들려주었다.

발표회에서는 수많은 아이디어가 나왔다고 한다. '물자를 이동시킨다', '끊임없이 자신의 기술을 업그레이드시켜야 살아남는다', '게임, 영화, 소설, 만화를 흥미진진하게 만든다', '내도(大盜)는 국가 위기 사태에서 적의 기밀을 빼올 수 있다', '경찰, 교도관, 검사, 두부 가게

주인을 꼭 필요한 존재로 만든다', '사람의 마음을 훔치는 기술을 배우면 연예인이나 가수로 성공할 수 있다' 등등.

반 아이들은 각자의 생각을 나누면서 박수도 치고 시간 가는 줄 몰랐다고 한다. 그리고 아이들의 발표가 끝날 때까지 시종일관 빙그레 웃고 있던 선생님은 이런 말을 했다고 한다.

"도둑에게 배울 점을 찾아본 소감이 어땠나요? 생각보다 배울 점이 많았지요? 선생님은 여러분이 서로의 장점을 찾아내는 선수가 되었으면 참 좋겠어요."

그 이야기를 듣고 나자 나는 아이의 담임 선생님이 어떤 사람인지 더욱더 궁금해졌다.

그로부터 한 달이 채 지나지 않았을 무렵, 나는 학교에서 호출을 당한 것도 아닌데 자석에 끌리듯이 학교를 향해 걸음을 내딛었다.

아이 반은 마침 체육 시간이었다. 학교 운동장에는 하늘색 체육복을 입은 아이들이 신나게 공을 차면서 뛰어놀고 있었다.

"야! 태영아, 패스! 그렇지. 범수야, 너는 좀더 앞으로 나가서 공을 받아줘야지. 찬스다. 슛! 골인!"

눈에 띄게 큰 아이 한 명이 아이들과 섞여 달리고 있었다. 그런데 자세히 보니 내 막내동생 또래로 보이는 청년이었다. 아이의 담임 선

그렇게 반항을 일삼던 아이는
그 선생님을 만난 뒤 환해졌습니다.
"얘들아, 옆 친구 손 꼭 잡았니?"

생님이었다. 나는 그 선생님과 이야기를 나눠보고 싶었지만 그냥 발걸음을 돌렸다.

그날 저녁, 아이가 자랑을 했다.

"엄마, 오늘은요. 체육 시간이 끝나고 급식 시간에 선생님이 '비빔밥 먹을 사람은 다 나와' 그러셨어요. 그리고 큰 배식 그릇에 선생님 밥이랑 우리 반찬이랑 전부 넣어서 비벼 먹었어요. 정말 한 식구가 된 기분이었다니까요."

그렇게 시간이 흘렀다. 학부모 몇 명이서 학교에 찾아갔다. 불길한 소문 때문이었다. 담임 선생님이 군대에 가실지도 모른다는.

선생님은 걱정하는 우리 엄마들 앞에서 이렇게 말씀하셨다.

"염려 놓으셔도 됩니다. 어떤 일이 있어도 이 아이들은 졸업시키고 입대하겠습니다."

선생님께 고마운 마음을 어떻게 전해야 할지 모르겠다.

귀신을 울린 순경 아저씨

경찰에 입문한 지 1년도 안 되었을 때의 일이었다. 비가 억수같이 쏟아지던 날이었다. 밤 10시 무렵이었을 것이다. 파출소에는 나와 의경 한 명이 근무를 하고 있었다.

승용차가 파출소 앞에 서더니, 운전자가 다급하게 들어와서 신고를 했다.

"저……저……저……저기요. 공동묘지 앞에 사람이 하나 있는데요. 얼굴이 피투성이입니다. 빨리 가보세요."

무서웠다. 그렇지만 신고를 확인하지 않고 묵살할 수도 없었다. 근무자가 나밖에 없으니 직접 가볼 수밖에 없었다.

할 수 없이 의경에게 "사무실 좀 지켜라"고 이르고는 현장에 가보기로 했다. 오토바이를 타야만 했다. 순찰차는 파출소장님이 몰고 가신 터였다. 비옷을 입고 권총에 실탄을 장전하여 문제의 공동묘지로 향했다.

공동묘지에 도착해 대형 플래시로 이곳저곳을 비춰보았다.

'윽!'

나는 속으로 비명을 질렀다. 으슥한 묘지 중앙에 어두운 그림자가 어슴푸레 보였는데, 분명 사람의 형상이었다. 자세히 보니 누군가가 비를 맞으면서 묘지 앞에 앉아 있는 것이었다. 나는 떨리는 주먹을 꽉 쥐고 한 손에는 경찰봉을 든 채로 서서히 다가갔다.

10미터도 안 될 정도로 가까이 다가갔다. 너무나 긴장한 나머지 아무 생각도 나지 않았다.

"아제요? 거기서 무하는거?"

경상도 말씨를 흉내냈다. 내 고향은 충청도였다. 말이 느리다는 이야기를 많이 들어온 터라, 선제 공격을 해야겠다 싶을 때는 경상도 말씨로 말하곤 했다. 그런데 이번에는 제대로 되지 않았다. 떨리는 목소리까지 섞여 이상하기만 했다.

갑자기 문제의 그 사람이 뒤를 돌아보았다. 나는 기절초풍하면서 나자빠질 뻔했다. 진짜 귀신이었다.

잠시 적막이 흘렀다. 굵어진 빗줄기 속에서도 나는 몸을 움직일 수 없었다.

'이제는 꼼짝없이 죽었다. 귀신을 건드렸으니…….'

달아나고 싶은데 몸이 굳어서 움직일 수가 없었다. 그렇게 얼마나 시간이 흘렀을까. 정신을 차려보니 귀신이 내 앞으로 서서히 다가오고 있었다. 건장한 남자 귀신이었다. 얼굴은 피범벅이었고, 입에서는 피를 흘리고 있었다. 군복을 입은 것으로 보아, 군대에서 죽은 귀신임에 틀림없었다.

나는 반사적으로 권총을 빼어 겨누면서 소리쳤다.

"다가오지 마. 다가오면 죽기뿐다."

순간, 귀신이 무릎을 꿇었다. 젖은 땅에 엎드려서는 울먹이는 목소리로 말했다.

"흐으윽. 아저씨, 제 애인 좀 찾아주이소. 흐으윽."

"엥?"

귀신이 아니었다. 권총을 집어넣고는 그에게 말했다.

"봐라. 니 애인이 누군지는 모르지만 왜 하필이면 여기서 이러노? 비도 오는데 공동묘지에서 뭐 하는 기고?"

"공동묘지라고예? 으허허헉!"

여기가 공동묘지라는 말을 듣자 그는 거의 실신한 것 같았다. 그런 사람을 진정시켜 연유를 물었더니, 군 입대 전 사귀던 여자가 고무신을 거꾸로 신었다는 것이었다. 첫 휴가를 나왔는데, 만나주지 않는 바람에 친구들과 이 근방에서 술을 마시다가 이곳까지 오게 되었다는 것이었다. 정말 어처구니가 없었다.

"그럼 입가에 피는 머꼬?"

"오징어 씹다가 혀를 잘못 깨물어서 그럽니더. 아저씨, 우리 애인 좀 찾아주이소. 으흐흑."

그는 얼마나 취했는지 몸을 가누지도 못했다. 어쩔 수 없이 오토바이 뒷좌석에 태운 뒤 밧줄로 내 몸에 꽉 묶어 조심조심 파출소로 돌아왔다.

파출소로 들어와 그 녀석을 소파에 앉혀놓았더니 곧바로 잠들어버렸다. 나는 의자에 앉아서 그 녀석이 깨어나기를 기다리다가 깜빡 잠이 들고 말았다.

그러나 곧 요란한 소리가 들려서 눈을 떴다. 그 녀석이 발광을 하고 있었다. "내 애인 찾아내라"면서 송곳을 들고는 자기 몸을 찔러대고 있었다. 간신히 송곳을 빼앗아 진정시켰다.

'이거 내가 큰 실수를 했구나. 계속 감시했어야 하는 건데.'

하지만 그런 생각에 빠져 있을 때가 아니었다. 병원에 빨리 데리고 가야 할 것 같았다. 병원까지는 10킬로미터 이상을 가야 하는데, 돈도 없고 큰일이었다.

생각 끝에 결심했다. 내 저금통장을 챙기고, 오토바이에 그놈을 묶었다. 시내에 있는 병원까지 가는데, 비는 장대비로 바뀌고……. 엄청나게 짜증이 났다.

"죽일 놈, 진짜 너무하네. 죽고 싶으면 다른 곳에 가서 뒈지지. 나하고 전생에 무슨 원수를 졌다고 이러는 거야? 정신만 들어봐라. 내가 가만히 내버려둘 줄 아나."

빨리 달릴 수도 없었다. 그 녀석이 떨어질까봐 천천히 가는 수밖에. 인사불성이 된 그놈이 들을 수도 없었겠지만, 나 혼자 고래고래 욕을 하면서 화를 삭였다.

병원에 도착했다. 내 신분증과 저금통장을 담보로 치료를 받게 했다. 그러고 나서 나는 파출소로 돌아왔다. 자리에 앉았는데, 지나간 몇 시간이 수십 년은 족히 된 것 같은 기분이었다. '이게 바로 경찰이구나' 싶었다.

면접 시험을 볼 때가 생각났다.

"자네는 왜 경찰이 되려고 하나?"

"네. 국민의 생명과 안전을 보호하고, 사회의 안녕을 위해 이 한 몸 바치기 위해서……."

아마도 나는 그렇게 대답했던 것 같다. 지난 몇 시간 동안 일어났던 일들이 참으로 많은 것을 생각하게 했다.

다음날 오후. 정신을 차린 그놈이 한 손에는 내 저금통장, 다른 한 손에는 음료수 한 상자를 들고 찾아왔다.

"용서해 주이소."

기분 같아서는 뺨이라도 한 대 갈겨주고 싶었다. 하지만 용서해 달라는데 어쩌겠는가. 나는 '경범죄 통고서'를 그 녀석에게 끊어주면서 말했다.

"앞으로는 조심해라? 알았재?"

밀가루 붕어찜

바쁘게 살 수 있다는 것, 할 일이 많다는 것은 얼마나 행복한 일인가. 그 행복으로 조금은 피곤해진 오후 3시쯤, 아내에게서 전화가 걸려왔다.

"오늘 다른 약속하지 말고 일찍 들어와요. 붕어찜 해놓을게요. 소주도 한 병 사오는 것 잊지 말고요."

붕어찜. 우리 가족이 붕어찜과 인연을 맺게 된 데는 남다른 사연이 있다. 그 아픈 사연 때문에 아내는 한동안 그 음식을 만들지 않았다. 그런데 오늘 붕어찜을 만든다고 하니, '이제는 그 아픔이 잊혀져가고 있구나' 하는 반가움과 함께 아내에게 고마운 생각까지 든다.

아내는 회사 동료들은 물론 친구들까지 확 휘어잡았을 정도로 붕어를 요리하는 솜씨가 뛰어났다.

"너는 좋겠다. 회사 그만둬도 먹고살 길이 있잖아. 제수씨하고 붕어

요리 전문점 내면 곧바로 대박이니……."

친구들은 아내의 붕어 요리를 먹을 때면 엄지손가락을 치켜세우곤 했다. 아내의 붕어 요리는 담백하고 얼큰한 맛이 일품이었다. 그래서 친구들의 말이 아니어도 내심 훗날 아내와 함께 붕어 요리 전문점을 내볼까 하는 생각을 갖기도 했다.

우리 가족과 붕어찜의 인연은 10여 년 전으로 거슬러 올라간다. 그때 우리는 작은 빌라 4층으로 이사를 했는데, 거기서 소중한 이웃을 만났다. '하늘'이라는 예쁜 딸아이를 둔 옆집 부부였다. 부부의 인상이 참으로 선했다. 오가면서 눈인사를 몇 번 나누었을 뿐인데 연배가 비슷해서인지 금방 좋은 이웃으로 가까워졌다.

어느 날 저녁, 누가 문을 두드리기에 나가보니, 하늘이 아빠가 손에 들고 있던 비닐봉지를 내밀었다.

"혹시 민물고기, 붕어 같은 거 좋아하세요?"

우리에게 주려고 가져온 것 같았다. 나는 솔직히 그런 걸 먹어본 적이 없었다. 하지만 그 성의를 무시할 수는 없었다. 그래서 나도 모르게 이렇게 말하고 말았다.

"아! 그럼요. 끝내주는 거 아닙니까. 없어서 못 먹죠."

그렇게 건네받은 봉지 속에는 싱싱한 붕어가 있었다. 당황해하는 내 마음도 모르고 하늘이 아빠는 한술 더 뜬다.

"아……그럼 잘됐네요. 제 취미가 낚시인데요, 앞으로는 제가 붕어 후원자가 되어드리죠. 드실 만큼만 잡아서 갖다 드릴게요."

처음에는 그냥 하는 말이려니 했다.

"아유, 그래주시면 저희야 고맙죠. 감사합니다."

그러나 그날 그 붕어는 하늘이네 모르게, 집에서 한참 떨어진 곳에 버려지고 말았다. 이렇게 말하면서 완강하게 거부권을 행사하는 아내 탓에.

"비린내 나서 싫다니까요. 해보지도 않은 음식을 내가 어떻게 만들어요? 그리고 물속에서 평화롭게 사는 붕어를 왜 잡는지, 도대체 이해를 못하겠어요."

하지만 그 거부권 행사는 곧 막을 내리고 말았다. 10여 일에 한 번 꼴로 잡아다주는 하늘이 아빠의 정성도 있었지만, '붕어찜이 보양건강식'이라는 말에 아내의 호기심이 발동한 덕분이었다.

결국 아내는 그렇게 '붕어 요리 대가'의 첫 관문을 통과했다. 평소 음식 솜씨가 뛰어났던지라, 요리 책을 봐가며 독학으로 만들어냈던 것이다. 첫 작품부터 예술이었다. 그 맛을 본 하늘이 아빠는 엄지손가락을 치켜세우며 이렇게 말했다.

"기가 막힙니다. 이 세상에 더 이상의 붕어찜은 없다고 단언할 수 있습니다."

그 뒤로는 하늘이 아빠가 붕어를 손질해서 갖다 주면 아내가 요리를 했다. 붕어 요리는 두 집의 만찬 음식이 되었다. 술 한잔하면서 즐기는 재미도 쏠쏠했다.

하늘이 아빠의 사업은 잘되는 것 같았다. 그 즈음에 우리 집도 여러 번 신세를 지고 그러다 보니 어려운 일일수록 서로 돕고 산다는, 말 그대로 이웃사촌이 되었다.

그러다가 붕어 요리를 먹는 횟수가 갑자기 줄어들었다. 하늘이 아빠로부터의 공급이 제대로 이루어지지 않았기 때문이었다. 하늘이 아빠가 "사업이 조금 힘들다"는 말을 하곤 했지만, 우리는 그냥 남들도 다 겪는 불경기, 딱 그 정도인 줄 알았다.

아내와 상의 끝에 "하늘이네가 힘들어하는 것 같은데 우리가 더 힘들게 하지는 말자"는 결론을 내렸다. 그래서 빌려준 돈에 대해 단 한 마디 이야기도 꺼내지 않았다.

어느 날, 하늘이네 집에 압류 딱지가 붙었다. "빚쟁이들이 몰려와서 난리를 치고 있다"는 아내의 전화에 그 집 사정을 알게 되었다.

궁지에 몰린 하늘이네는 야반도주를 선택했다. 그렇게 우리 부부의 작은 꿈을 위해 몇 년을 절약해 모은 아내의 노력이 허망하게 물거품이 되어버렸다. 우리 부부는 이리석음을 탓하며 얼마나 후회하고 자책했는지 모른다.

그로부터 1년이 지났을 즈음이었다. 아내가 들뜬 목소리로 사무실로 전화를 했다.

"하늘이네가 돈을 부쳐 왔어요. 그것 보세요. 제가 그럴 사람들이 아니라고 했잖아요."

"꿔간 돈 전부 갚았단 말이야?"

"아뇨. 딱 절반이네요."

아내의 목소리는 잃어버린 희망을 다시 찾은 것처럼 들떠 있었다.

그로부터 며칠 후, 우리는 한 통의 편지를 받았다. 하늘이네였다. 짤막한 내용만으로도 하늘이네 부부의 마음을 알 수 있었다.

조금 시간이 걸리더라도 기다려주십시오. 너무 미안해서 목소리가 나오지 않을 것 같아 전화도 못한답니다. 우리가 있는 곳을 말씀 드리지 못하는 마음을 이해해 주셨으면 합니다.

다시 2년의 세월이 흘렀다.

우리 가족은 지금 사는 곳으로 이사를 했다. 이사 온 지 며칠 되지 않았는데, 아내에게 뭔가 좋은 일이 생긴 것 같다. 잊고 살았던 붕어찜을 만들어준다니 말이다.

슈퍼마켓에 들러 과일과 소주 몇 병을 사서 걸음을 재촉했다. 집에 도착하니 식탁에는 오랜만에 보는 붕어찜 전용 냄비가 자리를 잡고 있었다.

소주를 한잔 따라놓고 아내의 성의에 아부로 감사 표시를 했다.

"와, 정말 냄새 좋다."

그리고 냄비 뚜껑을 열었는데……아니, 이건 뭐란 말인가. 냄비 안에 붕어찜 대신 붕어빵이 가지런하게 놓여 있는 게 아닌가.

이게 무슨 장난인가 싶어 아내를 보니, 황당해하는 내 표정을 보면서 웃고 있었다. 두 눈 가득 그렁그렁 눈물이 고인 채로.

'아! 무슨 일이 있었구나.'

'부부는 일심동체'라는 말이 이때처럼 실감나게 느껴질 수가 없었다.

잠시 후 아내는 말을 꺼냈다. 아내는 오늘, 이사 온 뒤 처음으로 장을 보러 갔다. 처음 가보는 시장이라 구경도 할 겸 한 바퀴 돌다가 바로 '그 사람'을 보았다. 그리고 그 사람을 보는 순간, 망부석처럼 꼼짝도 못하고 얼어버렸다고 한다. 시장 한구석, 작은 포장을 치고 꼬치 어묵과 붕어빵을 굽는 아주머니, 그러니까 하늘이 엄마를 본 것이었다. 아내는 많이 수척해지고 거칠어지긴 했지만 분명히 하늘이 엄마였다고 몇 번이고 말했다.

아내는 반갑기도 하면서 섭섭하기도 한 복잡 미묘한 감정 때문에 그냥 시장을 빠져나왔다고 한다. 그러다가 다시 돌아서 만나보려고 갔는데, 차마 다가설 수는 없었단다.

"그냥 서로 미안할 것 같기도 하고, 눈물은 또 왜 자꾸 나오는지……."

아내는 조금 떨어진 곳에서 나물 파는 노점상 아주머니에게 붕어빵을 대신 사다 달라고 부탁했다. 그리고 붕어빵을 건네 받으면서 "하늘이 엄마는 겨울에는 붕어빵과 어묵 꼬치, 여름에는 커피와 토스트 그리고 김밥을 파는 억척 아낙네"라는 말을 듣기도 했다. 이런저런 이야기를 전하는 아내의 눈에서 하염없이 눈물이 흘렀다.

우리 부부는 그날 많은 이야기를 했다.

'어떻게 해야 하나. 어떤 방법으로 도와줄 수 있을까.'

고심 끝에 우리 부부는 편지 한 장을 썼다.

하늘이 엄마 아빠, 우리는 인연이 깊은 이웃인가 봐요. 이렇게 또 만났네요. 붕어찜 드시러 오세요. 아무 생각 말고 그냥 그때 그 좋은 이웃으로 민납시다. 여기 저희 집 주소와 약도, 전화번호를 남깁니다. 참! 붕어빵이 세상에 더 없을 정도로 맛있더군요.

늦은 밤 아내와 시장에 갔다. 겨울바람이 을씨년스럽게 부는 시장 한구석, 붕어빵 포장 속에 그 편지를 넣고 돌아왔다. 집으로 오면서 아내가 나직하게 혼잣말을 했다.

"붕어찜을 만들어야 할 텐데. 시장에서 파는 붕어는 양식이라 제 맛이 날까 모르겠네. 하늘이 아빠가 잡아다 주는 붕어라야 정말 제 맛이 나는데……."

아내는 벌써 상상의 날개를 펼쳐 하늘이네 식구와 만나고 있는 모양이었다.

글쓴이들

1부_ 신이 보내준 선물
평생 잊지 못할 소중한 선물 | 박영희
아이의 아픔을 대신할 수만 있다면 | 임선화
공주 납치 사건의 전말 | 이은정
상처 기우는 아이, 희망 만드는 엄마 | 강질수
1퍼센트의 기적 만들기 | 김민희

2부_ 천사를 만든 천사
기차 화통 목소리의 비밀 | 김현주
돌아가신 시어머니가 맺어준 인연 | 서연숙
장모님은 호떡 장수 | 김동희
포도를 오래 씹는 까닭 | 김화숙
세상에 하나뿐인 '맞춤 내복' | 김윤미
천사를 만든 천사 | 오정아

3부_ 희망이 내려다보이는 옥탑 방
희망이 내려다보이는 옥탑 방 | 한문주
결혼 반지 대신 얻은 사랑 | 김선아
이른 아침 우유 아줌마가 경찰에 쫓긴 이유 | 심영자
세상에서 가장 아름다운 가족 약속 | 이정진
날개 달린 작업복 | 박명옥
내 주머니 속의 행복 | 정선화

4부_ 당신이 있어 행복합니다

억척 천사를 아시나요? | 홍성철
아내는 호랑이 선생님 | 이민석
늦깎이 대학생 남편의 진실과 거짓말 | 민소형
'만삭' 남편의 살 빼기 대작전 | 오명숙
부부 싸움을 잘하는 열 가지 비결 | 최수정
당신의 검은 얼굴 | 서재심
'부침개'와 '촐랑방구' | 이정희

5부_ 다시 만날 수만 있다면

25년 전 그날 나의 선생님은…… | 최선영
잔소리마저 그립다 | 노한곤
벼랑 끝 구조요원, 나의 아주머니 | 최수정
"미안해요. 그리고 고마워요" | 이옥희
잊어서는 안 될 얼굴 하나 | 김정희

6부_ 사랑, 삶을 바꾸는 행복 에너지

생선 장수 친구의 행복 메시시 | 김경숙
행복하게 삶을 마무리하는 방법 | 이미재
지독한 숙모의 이유 있는 구박 | 박범하
도둑에게 배울 점 열 가지 | 김진희
귀신을 울린 순경 아저씨 | 박재수
밀가루 붕어찜 | 김성국

이 책에 담긴 글들은 글쓴이들의 허락을 받아 구성된 것입니다.
연락이 불가능한 작품들은 임의적으로 가명을 사용했습니다.

곁에 있어 고마워요

초판 1쇄 인쇄 2005년 4월 15일
초판 1쇄 발행 2005년 4월 25일

지은이 | 김경숙 외
펴낸이 | 김태영
펴낸곳 | 위즈덤하우스
출판등록 | 2000년 5월 23일 제13-1071호
주소 | 서울시 마포구 공덕동 115-13번지 예담출판빌딩
전화 | 704-3861 팩스 | 704-3891

상무 | 신화섭
책임 편집 | 이원숙
기획 편집 | 노진선미 오유미
디자인 | 임성언
마케팅 | 신민식 정덕식 권대관 송재광 임태순
경영지원 | 하인숙 고은미 송현주 임효구 김두철
인터넷사업 | 정은선 김선아
광고홍보 | 김현종 김정민 이세윤
외서기획 | 이유정
출력 | 엔터
인쇄·제본 | 상지사

값 8,800원

ISBN 89-89313-56-2 03810

* 잘못된 책은 바꿔드립니다.